Contestando El Llamado

SOLO

Para Mujeres Predicadoras

Una Guía Ministerial para Las Mujeres en el Ministerio

Escrito Por

Juli Jasinski

Traducido Por **Andrea Jaimes**

Revisada y Actualizada por **Katherine Deras**

Prólogo Por

Reverendo Dr. John Scheel

Lighthouse Pentecostal Church

Obispo y Pastor Fundador

Beebe, Arkansas

Contestando El Llamado: SOLO
Para Mujeres Predicadoras©2023 Juli Jasinski

Diseño de la cubierta por Juli Jasinski, Ignito Ministres
Todas las escrituras tomadas de la versión Reina Valera 1960, a menos que se indique lo contrario.

Impreso en los Estados Unidos de América
Para obtener más información sobre otros materiales
de Juli Jasinski o para
programe un contacto para hablar o
visite su sitio website:

http://www.julijsbooks.com
Encuéntrela en Facebook
Juli Jasinski
1 (603) 557-2071

Correo Electronico: Pwrxtrem2@aol.com

Contestando El Llamado- *SOLO Para Mujeres Predicadoras* es un libro lleno con consejos y ayudas practícales para la ministra novata, o cualquier mujer que siente el llamado al ministerio para predicar.

La hermana Juli Jasinski ha notado que los retos de una mujer ministran son únicos. En consecuencia, este libro está escrito de forma única, está escrito para mujeres por una mujer que tiene muchos años de experiencia en el ministerio.

Es un privilegio para mi leer este libro y recomendarlo a las mujeres jóvenes que tienen el ministerio en su mente.

Que el Reino de Dios sea bendecido,

Rev. Art Hodges III
Pastor Principal, Iglesia
Pentecostal del Sur de la Bahía

Tabla de Contenido

Capítulo Once 191
UNA MUJER MINISTRA DEBE RENDIR CUENTAS

Capítulo Doce 201
CONSEJOS PARA EL EVANGELISMO EXITOSO

Capítulo Trece 215
CONSEJOS PASTORALES

Otros Libros/Recursos por Juli Jasinski

My Hair My Glory
Mi Cabello, Mi Gloria (**Spanish**)
Meu Cabelo, Minha Gloria (**Portugués**)
5 Views on Ladies Hair I Corinthians 11:15 Leaders Guide
Daring Dos
Her Ebony Glory
Tu Gloria de Ébano (**Spanish**)
DVD Seminar My Hair My Glory
Seminar Student Workbook MHMG
Christian Soldier's Workshop Teacher's Edition
Christian Soldier's Workshop Student Workbook
Christian Soldier's Workshop Presentation Slides (50 PowerPoint)
Step Up For Lady Preachers ONLY
Step Up For Lady Preachers ONLY- 75 *Questions to Ponder for Personal Growth in Ministry* Workbook
Contestando El Llamado- (**Step Up Spanish**)
Modest Like Me (for girls)
Modesta Como Yo (**Spanish**)
The Sword & the Sickle
La Espada Y La Hoz (**Spanish**)
A Espada e A Foice (**Portugués**)
Kids Love 2 Pray A to Z 26 Devotionals to Teach Kids to Pray Prayer Warriors with Little Feet- 31 Ways to Teach Kids to Pray
Unlocking This Generation for Spiritual Warfare

> *Contact me directly for posters and books not available on Amazon. I accept PayPal, Cash App, Venmo, Zelle.*

For more information about books by Juli Jasinski
Contact: Pwrxtrem2@aol.com
(603) 557-2071
Check out my website: www.Julisbooks.com

Reconocimientos

GRACIAS A TODOS LOS QUE AYUDARON Y APORTARON A ESTE LIBRO:

Pastor Art Hodges III, Pastor Senior SBUPC, presbítero

Obispo Dr. John Scheel, LPC

Rev. Gwyn Oakes, Presidenta Del Ministerio de Damas, UPCI

Pastora Brenda Bowley, Presidenta Del Ministerio

De Damas, Distrito de Maine

Dr. Lynda Allison Doty

Rev. Carol Clemons

Pastora Brenda Montgomery

Obispa Sarah Jackson

Obispa Dr. Jean Holland

Misionera Janice Alvear

Pastora Elsye Mae Sonnier

Pastora Patricia Cook

Evangelista Deborah Burris

Evangelista Diane Pulse Johns

Pastora Sharon Stoops-Walston

Pastora Sharon Crossno

Pastora Clara Cote

Pastora Deborah Randall

OBISPO JOHN FREAD SCHEEL, PH.D.

Prólogo

¡Reverenda Juli Jasinski lo ha hecho de nuevo! Conozco a la Reverenda Juli Jasinski desde hace muchos años. Ella vino a nuestra iglesia cuando estaba empezando a hacer una obra para Dios en 1993, ¡fue cuando su hijo solo estaba planeado! Ella y su esposo, el hermano Stan Jasinski, siempre han tenido la obra de Dios en el corazón desde que los conocí.

Es un gran privilegio que me pida que escriba un prólogo para este libro. La ética y los buenos consejos de este libro han sido necesarios durante años. **Contestando El Llamado; SOLO Para Mujeres Predicadoras** debería haberse escrito hace mucho.

Los otros libros de la Rev. Juli Jasinski fueron bien investigados. Disfruté especialmente de los que tratan sobre el cabello de las mujeres (Mi Cabello, Mi Gloria; Tu Gloria de Ébano; Daring Dos). Su metodología directa y sensata ha brillado en la totalidad de este nuevo libro. Gran parte de la enseñanza en **Contestando El Llamado; SOLO Para Mujeres Predicadoras** también podría ayudar a los hombres que lo lean. La iglesia y las relaciones pastorales se beneficiarían adicionalmente.

He apoyado a las mujeres en el ministerio durante mucho tiempo. En los primeros años de mi pastorear muchas veces las mujeres venían y predicaban para nosotros cuando no podíamos encontrar a nadie más que estuviera dispuesto a venir a predicar en nuestra pequeña iglesia.

Siempre he tratado de recordar a cualquier persona, hombre o mujer, que me haya ayudado a llevarme a donde estoy hoy. No solo mujeres, sino que los hombres también deben ser elevados en el ministerio si están trabajando para Dios. ¡Ciertamente la noche está llegando a este mundo cuando nadie podrá trabajar!

¡Este libro, escrito inteligentemente por la hermana Jasinski, es solo una confirmación más y nos ayuda a hacer este trabajo!

Dr. John F. Scheel
Obispo y Pastor Fundador
Lighthouse Pentecostal Church, School Academy
y
Seminario universitario bíblico, Beebe AR

Prefacio

Las siguientes páginas son una acumulación de observaciones y conversaciones entre muchas ministras apostólicas que han estado en el ministerio por más de 20, 30, 40 años o más. Ellos comparten con ustedes las alegrías y las luchas de estar en el ministerio. Se reunirán cara a cara a medida que lean sus testimonios personales de cuando el Señor las llamó a este campo gratificante.

Nuestro objetivo es educar a una nueva generación de mujeres predicadoras que sean verdaderamente damas primero, que amen la Verdad, conozcan su lugar y hablen con confianza. Nuestro deseo es que estas mujeres se comporten respetuosamente con los hombres y las mujeres con las que se codean, tanto dentro como fuera del ministerio. Y, debido a la gran responsabilidad del llamado de Dios, es imperativo que estas ministras se esfuercen en ser lo mejor que puedan ser.

En general, cada empresa, institución social o ministerio tiene algún tipo de código de ética por el cual se rige. Este libro no es solo eso, sino una herramienta que la joven ministra puede utilizar para lograr un conjunto sobresaliente de ética de predicación personal. Con la palabra "joven" no nos referimos a la edad como tal, sino a la novicia que acaba de mojarse los pies en el ministerio.

Ha habido algunas ministras a lo largo de los años que han sido mal entendidas por sus acciones. Algunas de sus palabras también fueron malinterpretadas. Si hubieran sido más adaptables a la ética ministerial común, les habría ayudado a comprender mejor el proceso de aprendizaje. Estas damas habrían avanzado más en su ministerio y podrían haber sido más aceptadas por otros.

Este libro le dará a una nueva ministra la confianza que necesita para continuar con su llamado. Ella pronto encontrará paz mental y un "gozo que supera toda comprensión" cuando cumpla con el llamado de Dios en su vida. Hay una satisfacción tan profunda en ser una ministra y obedecer la voz de Dios. El gozo del Señor libera la unción.

La joven ministra tendrá una sensación de seguridad al saber que el hecho de que Dios quiera usarla en el ministerio ya está resuelto. Mientras camina en su llamado y cualquier otra cosa que Él la lleve a hacer, se deleitará en ver los resultados de sus esfuerzos. Las bendiciones se derramarán en las vidas de las personas a las que ella llegue, lo que se convierte en su recompensa tanto aquí como para la Eternidad.

Por lo tanto, la mujer que aspira al ministerio debe tomar estos principios, combinarlos con una oración intensa, pedirle a Dios que la guíe y estar dispuesta a que el Espíritu Santo la convierta en un recipiente que Él puede usar para Su gloria en esta muy delicada y precaria viaje.

Introducción

Cuando Dios llama por primera vez a una mujer a predicar, por lo general ella no sabe a dónde acudir. La mayoría de las veces, ella entrará en pánico con el temor de estar fuera de lugar. Los sentimientos de insuficiencia comienzan a inundar su alma. Lo que ella quiere y necesita es validación. Ella necesita saber que esos sentimientos son normales.

Después de mucho luchar con Dios y finalmente rendirse, ella buscará naturalmente a alguien que la haga sentir segura para decirle que desea esa confirmación. En algunos casos, sin embargo, una mujer lo esconderá en su corazón y tratará de olvidarlo. Ella puede incluso esperar que nadie lo descubra, pero siempre el Señor interviene. Alguien movido por el Espíritu Santo se acercará a ella, le hablará una palabra de fe y confirmará que lo que ella está sintiendo realmente es de Dios.

Ahora, mira a su alrededor buscando ejemplos femeninos, ¿y qué encuentra? Con frecuencia, solo hay hombres detrás del púlpito. Este ejemplo no es adecuado. Ella no puede imitar a un hombre; porque entonces, ella desarrollará gestos indeseables y, sin saberlo, reflejará sus gestos masculinos. *Dios no lo permita.*

¿A dónde va una joven ministra en busca de ayuda? Irónicamente, esta pregunta ha sido formulada durante años por mujeres que luchan con un llamado del Señor.

Los autores de este libro esperan que sea como Paul le dijo a Tito, ***"las mujeres ancianas enseñan a las jóvenes"*** (Tito 2: 3, 4) y que ella venga aquí, a este libro, para aprender lo que pueda, sobre cómo ser una mujer en el ministerio.

Primero, ella debe ver si la llamada es verdaderamente genuina. Si es de Dios, ella debe continuar perseverando de esta manera. Ella debe aprender con el ejemplo del rey David cuando se dice que él *"se comportó de manera más sabia"* (1 Samuel 18:30).

La recién llamada mujer de Dios debe proceder de manera gentil, constante y sabia a medida que aprende a trabajar en el ministerio con los demás. El hecho de que tenga un llamado en su vida no significa que pueda adoptar el "síndrome de la abeja reina", pensando que de alguna manera ella ha "llegado" y ahora todos los demás están por debajo de ella.

Cualquiera sea el género de ministerio al que cada mujer sea llamada, es nuestra oración que cumpla con todo lo que el Dios Todopoderoso ha puesto en su corazón para que ella haga.

Ya sea que esté llamada a ser pastora, evangelista, misionera o ministra en su iglesia local, es nuestro deseo ver que Dios bendiga a estas mujeres y las levante para unirse a la próxima generación de Anas, Febes y Priscilas.

Este libro fue escrito para que usted, joven ministra, pueda obtener fuerza y ánimo de otras que comparten la misma pasión. Es nuestro deseo que adquiera sabiduría y entendimiento, conocimiento y dirección al leer este libro. Que pueda crecer y alcanzar su potencial dado por Dios y así ser instrumental en el avance del Reino de Dios.

Lo más importante que debe hacer, amiga, es continuar y no renunciar. Si debe descansar, descanse; pero no se rinda. Es con mucha oración que nació este libro. Esperamos que sea una bendición para usted y para su futuro ministerio.

Capítulo Uno

EL LLAMADO DE LA MUJER MINISTRA

PIENSO QUE TENGO UN LLAMADO, PERO...

Después de una mujer reconoce su llamado para predicar y después de declararlo, muy posiblemente ella será incomprendida, rechazada, o enfrentará la resistencia de los críticos y pesimistas. Ella podría también ser condenada por amigos o enemigos por igual. El que una mujer acepte el llamado de Dios puede ser algo muy complejo.

No es un secreto que ella va a tener que escalar una montaña de desafíos. Gracias a Dios que Él ha estado abriendo puertas de oportunidades para que las mujeres de hoy en día puedan contestar el llamado con poca oposición.

El fuerte liderazgo apostólico que tenemos en este siglo ha hecho que el ser una mujer predicadora sea más aceptado que en el pasado.

Años atrás, cuando se ponía el título de *"Mujer predicadora"* sobre una dama, era típicamente usado como una observación despectiva.

La gente pensaba que la palabra predicadora y la palabra mujer no debían mezclarse. Eso era desagradable para ellos. Les hacía gruñir cuando ella pasaba por su lado o la ignoraban.

Algunas mujeres predicadoras recuerdan haber sido ofendidas por cínicos, mientras otras soportaron insultos lanzados en su dirección. Otras recuerdan que de repente la habitación se volvía como hielo cuando ellas entraban en una junta de negocios para ministros.

A la mujer predicadora se le hacía sentir no deseada, y a menudo se sentaba sola. Ella se sentía rara. Sabía que sobresalía entre la multitud. Algunas predicadoras cuentan que tenían un remolino de emociones, tanto así que se sentían como monstruos de la naturaleza.

No había un lugar en la Iglesia donde ellas podían sentir que pertenecían allí. Ellas no eran bienvenidas en la junta de negocios para ministros, pero tampoco encajaban con las creyentes regulares en los retiros de mujeres.

¿Era su personalidad fuerte o la unción que estaba sobre ella lo qué causaba estas reacciones? ¿O eran sus manierismos los que provocaban los gruñidos?

Mujeres con confianza y tendencias positivas son las que están a menudo entre las mujeres predicadoras. Sin embargo, algunas personas consideran estos rasgos repugnantes.

Solamente aquellos pastores que simpatizan con ellas y aceptan mujeres predicadoras les dan oportunidad en sus púlpitos.

Uno piensa, sin embargo, si la mezcla entre el prejuicio masculino y la indiscreción femenina ha causado el crecimiento de este acertijo.

Algunos hombres predicadores han hecho comentarios declarando, "Cualquier mujer que piense que es llamada a predicar es una de dos; lesbiana o una mujer que odia a los hombres."

Algunas mujeres han quedado destrozadas por este tipo de acusación letal. ¡Eso es tonto! No son más que palabras de odio y alejadas de la verdad. Aunque puedan volar a nuestro alrededor palabras tóxicas, debemos seguir adelante con nuestro llamado. Este sinsentido no son más que palabras odiosas y más alejadas de la verdad.

Esta tontería es nada más que palabras odiosas y más lejos de la verdad. A pesar la realidad que esas palabras tóxicas serán declaradas, nosotras debemos seguir adelante con nuestra llamada.

De este modo, una debe saber que hay una línea muy delgada sobre la que cada mujer predicadora debe caminar. Ella DEBE usar sabiduría al enésimo grado. Ella debe ser cortés con su comportamiento en todo tiempo y *"estar lista siempre para dar una respuesta a cada hombre... que le pregunte "con mansedumbre y temor"* (1 Pedro 3:15). (En el griego original se usan las palabras mansedumbre y temor para referirse a los creyentes que son GENTILES y RESPETUOSOS).

No discuta, no luche, respetuosamente muestre la verdad en las escrituras a aquellos que le pregunten. Sea amable con su respuesta, porque la Biblia tiene mucho que decir acerca de las mujeres en el ministerio. Si su llamado es innegablemente auténtico, entonces nadie puede disuadirla a usted.

Ellos pueden tratar de oponerse a usted, pero puede estar segura de que Dios es un escudo para proteger a Sus ungidos (Salmos 105:15).

COMO SABER SI SU LLAMADO ES GENUINO

La mujer predicadora aspirante debe de sentir el llamado en lo más profundo de su alma. Ninguna persona debería declarar un llamado sobre ella; eso solo causará confusión. La manera para saber si usted tiene un llamado es que habrá un anhelo fuerte dentro de usted.

El hambre que tiene por Dios va a causar una relación cercana con el Señor. Va a tener un deseo intenso por encontrar el propósito y la voluntad de Él para su vida. Este es un hilo común entre todos los ministros.

Otro rasgo común entre los predicadores, ambos hombres y mujeres, es que ellos se encuentran a sí mismos pasando muchas horas en el estudio de la palabra.

Ellos desean estar con Dios más que en una "dulce hora de oración." Este es un lugar codiciado, donde ellos siempre quieren estar. El espíritu de oración se queda con ellos cuando ellos salen de su closet de oración.

Ese espíritu rodea su alma y les conduce a una conciencia aguda del reino espiritual. Generalmente, durante ese tiempo de estudio de la Palabra, el Señor abre las escrituras, Su Palabra es iluminada y aparece un mensaje para predicar.

Es posible que usted tenga una experiencia similar. Tal vez fue así cuando usted recibió la revelación profunda de quien es Él y cuáles son Sus planes para su vida. Tal vez Él le ha dejado perfectamente claro que quiere que usted predique Su Evangelio.

Él podría mostrarle mensajes en la Biblia. Es allí que usted necesita tener un bolígrafo y papel a mano para capturar esos pensamientos que podría utilizar en el futuro. Muchos predicadores recuerdan tener cuadernos llenos de mensajes.

La mujer de Dios consagrada que ha sentido un llamado sobre su vida generalmente tiene pocas ambiciones terrenales, esas cosas son vanidad a sus ojos.

Cualquier búsqueda carnal es vista por ella como locura. La mejor parte de su día es cuando ella se postra de rodillas mientras el Señor la eleva a mayores alturas en Él. ¡Ese se convierte en un dulce lugar celestial!

AFIRMACIÓN
Animándose A Uno Mismo en el Llamado

Cuando la mujer predicadora llega a la conclusión de que Dios la está llamando innegablemente a predicar, ella debe primero calificarse a sí misma. Jesús dijo, *"Muchos son los llamados, pero pocos los escogidos"* esto es porque los elegidos han reunido los requisitos para ser llamados.

Ellos se han abrochado los cinturones, se han preparado a sí mismos y se han hecho a sí mismos elegibles para el ministerio. Desafortunadamente, muchos han caído a un lado del camino porque simplemente era muy difícil y el proceso muy largo, así, ellos se han hecho a sí mismos inadecuados para ser usados por el Maestro en el trabajo de Su Reino.

Por lo tanto, la mujer predicadora debe cuidadosamente continuar persiguiendo su llamado sin miedo o duda. E incluso con estas dos malignidades en su medio, ella debe superarlas.

El temor es el enemigo más grande a conquistar. El "temor al rechazo" es, sin ninguna duda, el primero obstáculo gigante a vencer. Ella podría estar llena de pensamientos tales como "¿Que van a pensar los hermanos si yo digo que tengo un llamado?"

Ella podría luchar con la auto intimidación y discutir con el Señor; "Pero Dios, soy una mujer, no puedo predicar." Los sentimientos de no ser dignan son muy reales. O ella podría también oír los comentarios sarcásticos de otros diciendo; "Mira, la hermana tiene comezón por predicar."

Su estómago podría sentir náuseas, mientras su mente lucha con una sensación incierta de que la gente no la va a aceptar.

Una ola de duda podría apretar su corazón y causar que ella retroceda temporalmente, colocándola en una posición fetal espiritual. Aunque la batalla mental ruja y las fuerzas del temor traten de mantenerla como rehén, ella debe valientemente luchar a través de eso.

El ejército de Satanás debe ser derrotado a cualquier precio. Ella debe continuar obedeciendo al Señor porque Él tiene un trabajo específico para que ella haga. Por lo tanto, ella debe alentarse a sí misma en el Señor al igual que hizo el Rey David (1 Samuel 30: 6).

La mujer predicadora joven debe ser consciente de que el miedo al rechazo puede volverse una carga pesada que cuelga sobre el corazón tímido. A veces, eso incluso perfora el alma más valiente entre nosotras. Si no somos cuidadosas eso se puede volver un tremendo obstáculo espiritual.

Eso es especialmente difícil si una mujer está en una Iglesia cuyo pastor no cree en las mujeres predicadoras. *Es algo muy desconcertante y podría no ser fácil de superar.* Sin embargo, manténgase orando mujer predicadora, Dios le mostrará el camino. Cuando el temor es conquistado y ese primer obstáculo es vencido, todo lo demás caerá en su lugar.

Ir a las conferencias para mujeres predicadoras, si puede hacerlo, será un gran estímulo para usted. Trate de estar alrededor de otras mujeres que también tengan el llamado al ministerio.

Lea libros sobre historias de mujeres pentecostales pioneras que predicaron a través del mundo. Dios es fiel y Él le pondrá amistades con la misma pasión.

CONFIRMACIÓN DE EL LLAMADO
Otros serán de acuerdo

Si siente un llamado en su vida, otros sentirán lo mismo. La mayoría de las veces las personas esperan a que usted lo "declare" primero y entonces estarán de acuerdo con su declaración. El Señor instruyó tres veces a una joven predicadora a que llamara a su nueva amiga pastora y le contara que Dios la estaba llamando a predicar.

Pasaron semanas, y ella finalmente tomó el teléfono y muy nerviosamente dejó salir lo que había en su corazón. La mujer pastora al otro lado de la línea le dijo, "Yo sabía que tenías un llamado, quiero que vengas a mi iglesia y prediques para nosotros."

Pasaron semanas, y ella finalmente tomó el teléfono y muy nerviosamente dejó salir lo que había en su corazón. La mujer pastora al otro lado de la línea le dijo, "Yo sabía que tenías un llamado, quiero que vengas a mi iglesia y prediques para nosotros."

Por lo tanto, generalmente la gente no confirmará su llamado antes de que usted misma lo admita. Necesita orar y pedir a Dios que confirme Su palabra. Marque esto; Dios pondrá a alguien en su camino que estará de acuerdo con lo que usted está sintiendo.

Generalmente se puede ver el llamado de Dios en una persona por su estilo de vida. Otra pista es observar cómo ella trata a los niños y cómo ellos responden a ella. Se puede ver también que ella ama leer su Biblia, y enseñar estudios Bíblicos.

Usted puede ver que ella se está esforzando por alcanzar almas. Y, a veces usted sólo lo nota por el hermoso espíritu de servicio que ella tiene. Ella lo demuestra siendo la primera en preguntar a su pastor; "¿hay algo que yo pueda hacer por usted?"

Estos atributos confirmarán que hay un llamado en la vida de ese individuo. Sin embargo, su pastor quiere saber si puede confiar en usted. Él no le va a entregar el púlpito para que usted sermonee a la gente.

Así que cuando estas cosas estén en su lugar, otros estarán de acuerdo en que debe haber un llamado en la vida de esa mujer.

CALIFICACIÓN PARA EL MINISTERIO
El Primer Examen

Muchos predicadores, masculinos o femeninos, han dicho que cuando ellos confesaron el llamado a predicar, el primer examen para precalificarlos en el ministerio era el examen de servir.

Mientras esperaban por el tiempo de Dios para lanzar su ministerio, ellos tuvieron que aprender a servir a otras personas. Aunque nosotros hemos oído predicadores hablar sobre esto en modo de chiste, no es un chiste.

Aquí hay algunas preguntas sobre las que sus líderes reflexionarán al considerarla a usted como una candidata para el ministerio: ¿Que tan bien limpia esta hermana el comedor después de una comida en la iglesia? ¿Puede ella hacer un buen trabajo sin esperar aplausos?

Ellos se preguntarán que tan bien sigue ella instrucciones. ¿Se lleva bien con otros o ella tiene una mentalidad "solitaria"? ¿Es distante o es una persona que trabaja bien con otras personas?

¿Ella domina a las personas con fuertes demandas, o es fácil acercarse a ella? ¿Es amable con sus palabras, demuestra paciencia con las inconsistencias de la humanidad?

Esta evaluación de seguro incluirá un examen de su actitud. Recuerde que esta evaluación no es para humillarla, sino para calificarla. El Señor, su pastor, y cualquiera de sus líderes querrán ver que tan bien camina usted el camino de la humildad.

Mantenga en mente que no sirve a los demás para dar un buen espectáculo, sino para permitir que su carne sea puesta bajo sumisión y así sea acondicionada para el trabajo futuro en el ministerio. Si una dama tiene verdaderamente un llamado, ella hará estas cosas con alegría, "como para el Señor."

De hecho, servir a los demás no será una molestia, probablemente ella lo hará naturalmente. Su mente está en Dios. Él es su deleite, Su Espíritu es su alimento, y cuanto más ella consume Su Palabra, mayor es el celo en su corazón que impulsa su interior a hacer algo grande para Dios.

Ella no debería sentirse demasiado importante como para agacharse. Ayudar con las tareas comunes en la Iglesia no es una miseria; limpiar el área de niños, lavar las túnicas bautismales, poner papeles dentro de sobres, o solo ser un ujier a la puerta de la casa del Señor, no son tareas que están por debajo de ella.

Todo eso es el trabajo del ministerio y parte del examen de servicio. Ojalá ella pase ese examen con excelentes calificaciones.

Cuando ella ha desarrollado un verdadero corazón de servicio y ha aprendido a ayudar en la Iglesia, entonces ella puede fácilmente pasar a servir el "Pan de Vida Viviente". El impulso para ir por todo el mundo será templado mediante la disciplina sirviendo a los demás.

Esperando por otros mientras espera en el Señor, con una actitud como Cristo, debe estar por encima de todo lo demás. No será una inconveniencia, sino un medio hacia un fin.

La mujer aspirante a predicadora encontrará que el camino al púlpito a menudo se conduce a través del bosque de la servidumbre.

Capítulo Dos

LA SUMISIÓN DE LA MUJER MINISTRA

Una Actitud Correcta Dice Mucho

EL PROCESO DE VALIDACIÓN

La lección más importante de una mujer predicadora podría aprender es a entregar con una actitud correcta a sus Autoridades dadas por Dios a su vida. La persona que tiene la autoridad espiritual en la vida de esta dama es quien debería validar su vocación.

Una Pastora recordaba la mesa directiva del distrito preguntando, "¿Por cuya autoridad estas predicando la Palabra de Dios?" Su esposo habló y dijo, "Por mi autoridad, soy su esposo." Ella dio un empujar (patada) a él debajo de la mesa y desafiante replicado, "¡Yo puedo responder a mis propias preguntas, gracias!"

Quizás esta no es la mejor manera para encargarse de la situación. Ella podría tener una poquita más gracia con sus palabras. Y aunque ella tenido un resbalón de la lengua, la mesa directiva no sostener eso en contra de ella. Felizmente, ella finalmente tenía su licencia... ella cree eso estaba solamente por la gracia de Dios.

Si nosotras desperdicios a aprender el principio de sumisión, vamos a tener un viaje muy arduo. Más de los pastores y líderes del distrito será no querer a tener nada de hacer con esos ministros que no quieran estar debajo de la autoridad. Los líderes no son ignorantes; ellos pueden sentir los que no tienen la actitud apropiada. Los resultados: disociación.

Los Pastores saben el precio de desobediencia en el corazón de un creyente. Generalmente, eso tiene un efecto en toda la iglesia. Ellos simplemente no invitaran un joven así para predicar detrás de su pulpito. La rebelión es contagiosa.

Una mujer predicadora recordaba su amigo pastor específicamente solicitó que esas dos mujeres predicadoras no ir visitando entre de sus Santos. Sin embargo, ellas no lo escuchaban y ellas todavía lo hicieron.

Después de unas pocas semanas ellas destrozando estragos en la iglesia. Ellas estaban aconsejando sus ovejas, y visitando afuera de la presencia del pastor. Este causado un remover muy grande. Ellas también decidieron tomar las ovejas fuera de la ciudad en excursiones y pasando muchas horas con ellas y continuando en aconsejar las.

Las consecuencias fueron devastando. Eso rompió matrimonios, rompió amistades y finalmente, trajo división dentro de la iglesia. Este duró para muchas semanas.

Finalmente, el pastor preguntó estas dos mujeres a salir. Ellas causado mucho de dañar. En el fin, el resultado estaba, se fue un mal sabor en la boca de todos. Las predicadoras en general han tenido mala fama en esa ciudad. Y eso fue por la conducta pobre de estas dos ministras jóvenes.

¿Qué acerca de tu nivel de sumisión? ¿Estás lista para escuchar a tu autoridad? ¿Tienes un espíritu educable y estás ansiosa para aprender? ¿Puedes seguir instrucciones sin patear en contra el aguijón? Con la ayuda del Señor nosotras todas necesitamos quedarse debajo de nuestras autoridades dado por Dios con un espíritu humilde.

Leemos en Mateo 8: 9-10, ***"Porque también yo soy hombre bajo autoridad, y tengo soldados bajo de mis órdenes; y digo a éste: Ve, y él va; y al otro: Ven, y él viene; y a mi siervo: Haz esto, y lo hace. Al oírlo Jesús, se maravilló, y dijo a los que le seguían: De cierto os digo, que ni aun en Israel he hallado tanta fe."*** Este pasaje de las escrituras no solamente enseña una gran lección de la fe, pero además muestra que el hombre que tenida autoridad estaba <u>debajo</u> autoridad.

Tu carne, el diablo, y rebeldes igual podría tratar a causarte a tropezón haciéndote pensar que eres mejor que tus autoridades. *¡Tener cuidado!* De tiempo a tiempo tú podrías querer a seguir una mujer mayor quien está supervisando un grupo de damas.

Podrías pensar que ella es sumisa porque ella tiene una posición, pero en realidad, ella podría tener un espíritu de rebelión sutil. Esta mujer podría declarar que Dios *solamente* es su autoridad y en realidad esa suena espiritual, pero, ella no entiende completamente la cadena de mando de Dios.

Toma Nota: Si tú estás luchando en esta situación ahora y quieres despegarte de la influencia de una mujer de esta tipa, esto es lo que tú debe hacer. Buscas el Señor en mucha oración, ayunar, y leer la Palabra, y ojalá, obtener algunos consejos de amigos buenos con testimonios buenos quien son abajo de autoridad sí mismos.

Ellos puedan ayudarte maniobra tu camino fuera de esta influencia destructiva. Pero tú debe ser atrevido a caminar la vuelta fuera de la influencia de esta persona.

¿Imagínate un grupo de mujeres predicadoras jóvenes llena de la actitud de "yo, mí, mío" y no escuchando a sus autoridades? Tú puedes marcar eso en papel, un espíritu de rebelión es seguro a irrumpir y será seguir en un desastre.

Muchas personas tienen miedo de insurrección en mujeres predicadoras Nosotras ciertamente no queremos ser o mirar como otro grupo de "Liberación de Damas." *¡Dios Prohibir!*

No hay nada más poderosa que una mujer de Dios submitida quien puede fluir en la unción del Espíritu Santo. Ella es usada poderosamente de Dios y hace el trabajo del Reino.

Tú Puedes contar que ella tiene la bendición de sus autoridades y el favor de Dios. Ella no tiene que abrir puertas pateándoles abierto como un bandido en una película declarando que ella ya ha "llegado." Cosas solo parece a ir suavemente para ella.

Una sabia maestra de la escuela dominical amonestado unas de sus estudiantes femeninas quien confesado una vocación a predicar. Ella simplemente dijo, "Tú necesitas estar sumiso y acto bien elegante como sea posible y ellos van a abrir puertas para ti."

Por lo tanto, sumisión y humildad son las dos llaves inestimables que te necesitas pedirle a dios en la oración. Ellos será desbloquear puertas y traer bendiciones a tu ministerio y también traer favor con los hermanos.

Si Dios te ha llamada, descanso seguro, Él será enviarte (Marcos 3:14). Si corres y no estas expedido por Dios, entonces te vas sólo en tu propia carne (Jeremías 27: 15). Celo solo no alimentará a nadie. Tu afán será finalmente traerte a problemas porque probablemente no es ungido.

Una Pastora recordaba su pastor amonestando a ella, "No vas a tener la unción de Dios para respaldarte; vas a conseguir arriba (en el púlpito) y cotilla fuera. Simplemente estarás vomitándolo que sea es en tu mente molestando te a el momento y no diciendo, '*que dice el Señor*.'"

Este pastor sabiamente instruido la mujer predicadora joven que ella necesitaba tener la mente de Dios para dirigir su mensaje.

Si sigues sin sentido con palabras vacías, tus oyentes lo sabrán. Ellos será volverse frustrado y enojado; algunos podrían quedarse dormidos en el banco de iglesia. Ellos serán malnutridos por filosofía, sentimientos o palabras tentadoras de la sabiduría del hombre *(o en este caso, de mujer)* (1 Corintios 2: 4,5).

La gente de la iglesia necesita oír la Palabra de Dios desesperadamente. Ellos desean una sensación de la presencia del Señor. Ellos necesitan saber cómo a aplicar lo que ellos oír así que puede cambiar sus vidas.

La gente de Dios quiere respuestas para los problemas complicadas en sus vidas día tras día. Eso es (generalmente) la razón porque ellos vengan a iglesia.

Ministrando la palabra de Dios no es un espectáculo de la personalidad o un juego de políticas. Ahí debería ser ningún retórico florido viniendo de tus labios. En este tipo de ajuste, honestamente tus opiniones no tienen importancia para la mayoridad de la gente, ¡sólo darles la Palabra!

La gente solamente es interesada en qué te llevas fuera de la Palabra de Dios. Su Palabra debe ser predicada. Permanecer en el tema y permanecer en la Palabra. Y por favor, ser cuidadoso de la forma de hablar. Eso no va a ninguna parte y bastante francamente, da mujeres predicadoras un mal nombre. *Ay a todas de nosotras cuando esta locura sucede.*

Mi Testimonio

¡Contesta el Llamado!

Reverenda Juli Jasinski
Autora, Plantadora de Iglesias, ministra
20 años

Cuando yo era una niña pequeña, siempre ha tenido un amor para Dios. Yo cantaba y jugar "La Iglesia" en mi cuartito con mi hermana. Yo era el sacerdote en la plataforma y mi hermana era el monaguillo zumbido la campana. Yo ha querido a ser una monja.

Yo recordaba veces en nuestra masa (servicios) del 8º grado clases para los jóvenes, en los viernes, yo haría tener lágrimas en mis ojos como yo sintió el amor de Dios hinchándose en mi alma.

Sin embargo, yo no sabía a Él completamente. Y también como jovencita adulta empapado en el pecado, yo ya tenía convicciones personales que yo no lo haría romper.

Entonces, Dios me mostró la plenitud de verdad en 1979. Yo estaba bautizado en el Nombre de Jesús una noche a la iglesia "Voz De Pentecostés, San Francisco, California" y después recibió el Espíritu Santo unas pocas semanas después, yo ha hecho San José UPC mi Iglesia local.

En febrero 6, 1983, la Hermana Bernard, un Misionero visitando de Korea, vino con su esposo a mi iglesia y predicado un mensaje emocionante sobre alcanzando las almas.

Allí en ese altar, el Espíritu Santo movido así bien profundamente sobre mí. Me comprometo mi vida al ministerio. Yo sintió un llamado para predicar, pero personalmente, yo no sabía todo qué ese significaba. Yo sólo sabía la mano de Dios cayó sobre mi vida esa noche.

Yo tenía una oportunidad para ir a México para traer ropa a un orfanato. Esta chispeado un deseo para ser un misionero a México. Yo fue en un viaje a Puerto Rico con el AYC y una vez más, sentido la mano de Dios sobre mí, pero todavía yo no tenía ninguna dirección. Yo estaba pensando para irme a Colegio Bíblico para hacerme un buen misionero.

Sin embargo, mi pastor de jóvenes me ha dicho que eso estaba solamente para chicos jóvenes que fueron llamados al ministerio.

Sin embargo, todavía me sintió una hinchazón en mi alma. No importar cómo yo intentó de hazlo irse, no iría de mí.

De nuevo y de nuevo, yo sintió un llamado a predicar el Evangelio. Yo hablé con mi pastor, pero él, en su sabiduría, me ha dicho a esperé en el señor. Yo preguntó a él tiempo tras tiempo si yo podría ir a Colegio Bíblico.

Finalmente, después de esperando por cinco años, él vino a mí y preguntado a mi si yo todavía querido a ir a Colegio Bíblico.

Yo salté arriba, y dijo, "¡Sí, yo quiero ir!" Él me dijo, "Pues ok, Quería que supieras que yo ha llamado el Colegio ya y dicho ellos a hacer los papeles." Muy pronto después, yo estaba apagado en un autobús que me tomó a través del país, algunas 3000 millas a la Costa Este. Estaba en camino a Colegio Bíblico Cristiano de Kent en Dover, DE. Ahí son no errores; el tiempo de Dios siempre es perfecto.

Durante mis dos años allí, gastado muchas horas en oración, ayuno y estudiando la Palabra. Yo no era la persona que siempre quería jugar, pero yo sólo querido a hablar de Jesús y Su palabra. Yo estaba preguntó a predicar unas pocas veces.

Cuando yo estaba en mi dormitorio un día, le pregunté al señor por qué me enviaría de California a Delaware entonces finalmente para terminar abajo en México para ser un misionero. A mi sorpresa y consternación, el Señor respondido, *"No es México."*

Yo estaba aturdido y francamente, un poquito desanimado, pero yo sabía a tener mi confianza en Dios, todavía.

Yo no tenía más dinero para Colegio Bíblico y yo tenido regreso a casa. Un poco tiempo después de eso, yo ha tenido una oportunidad para predicar mi primero y solo mensaje a mi Iglesia local en un servicio de jóvenes. Ellos programaron a mí con un hermano, quien luego haría volverse mi esposo.

El llamado de Dios no lo haría salir de mí, y después de hablando a mi pastor acerca de eso, él me dijo que, si llegue a una puerta de oportunidad, a empujar en la puerta y si la puerta abre, entonces caminar adentro.

Entonces un día yo conocí a una hermana a la Conferencia General en New Orleans. Cuando yo oró para ella yo podría ver balas ardientes disparando fuera de su boca. Luego yo aprendido que ella estaba una mujer predicadora. Después de nosotras tenido el almuerzo, ella me dio su tarjeta de negocio.

Pasado unos meses y el Señor repartido conmigo para dar una llamada a ella y hablar con ella acerca de mi llamado a predicar. Yo estaba bien nerviosa y desconcertado, y yo resistido el empujando.

Entonces Él me dicho de nuevo, y en la tercera hora yo obedecido. Ella contestaba el teléfono y escuchó mi historia y me dijo, *"Yo sabía que estas llamada a predicar, ven y predica un avivamiento para mí."*

Eso estaba una gran experiencia. Durante ese avivamiento, una otra Pastora me ha invitado a predicar mientras el tiempo que yo estaba ahí en Illinois. Yo estaba bien verde, como una fruta no madura; yo no sabía lo que yo estaba haciendo.

A mitad durante mi tiempo en su casa, mi amiga pastora me dijo que ella tenido un deseo a traer todas las mujeres predicadoras juntas para una conferencia de mujeres ministras. Eso haría ser el primero de su tipo.

Ella explicado que, a su conocimiento, eso nunca sucedió antes. Yo le dije yo estaba alegre a ayuda a ella a empezar. Nosotras comenzó rápido y lanzado la primera reunión de mujeres ministras en octubre de 1993 en Denver, CO. Desde allí, hay muchas conferencias que yo ha ayudado para empezado en unas regiones diferentes en los Estados Unidos.

Durante todo ese tiempo, nosotros ha movido a la Costa Este y mi nuevo pastor me ayudado en mi vocación. Finalmente, yo ya tenía el nervio para irme antes de la mesa directiva para mi licencia de ministerio en el año 2001 y de nuevo en 2008.

El Señor ya crecido mi ministerio hasta este tiempo. He escrito ocho libros, (*Contestando El Llamado - SOLO Para Predicadoras es el noveno*), viajado a doce países, predicado en varias iglesias, servido como una pastora asociada en Fitchburg, MA.

Y ahora estoy comenzando una Iglesia Plantada con mi esposo en la cuarta ciudad más grande en Massachusetts (Lowell), y soy la coordinadora de oración para el WNOP (red mundial de oración) para mi distrito.

Yo he esforzado a continuar a conectar con otras mujeres ministras para los 20 años pasados. El Señor es bueno y donde Él conduce yo será seguir. Ayudando las mujeres para contestar su llamado es un camino digno de caminar y estoy complaciente a ir la distancia.

¡Estoy contento que yo ha contestado el llamado!

Capítulo Tres

EL CARÁCTER DE UNA MUJER MINISTRA

¡Alguien te está mirando!

INTEGRIDAD

Los académicos están de acuerdo en que la integridad es un acto de consistencia de palabras y acciones. Sus valores, métodos, medidas, principios, expectativas y resultados deben reflejar la vida de Cristo. Su ética debe ser considerada como honesta, confiable y precisa. Sus acciones deben coincidir con sus palabras.

La integridad es el opuesto directo de la hipocresía. Diga lo que piensa y haga lo que dice. Y por encima de todo hable la Verdad con amor.

Debe gobernar su mundo privado con consistencia y considerarlo como una virtud. Su área pública debe coincidir con su integridad personal.

En otras palabras, practique lo que predica. Las personas que aparentemente tienen valores conflictivos deben dar cuenta de sus discrepancias o alterar sus creencias.

Una mujer predicadora que aún no ha entendido los fundamentos básicos de vivir para Dios no está lista para ministrar por si sola. Debe ser fiel en las pequeñas cosas y Dios la promoverá a cosas aún más grandes (Lucas 19:17).

Una debe esforzarse todo el tiempo por ser honesta y precisa. No querrá ser conocida como una predicadora "evangelística" que siempre estira la verdad solo para impresionar a la congregación. La exageración excesiva es lo mismo que mentir y puede convertirse en una plaga aún en la predicadora más seria.

El daño hecho a la audiencia sin duda pondrá en peligro las posibilidades de que usted regrese nuevamente a ministrar a esa iglesia. El pastor no tendrá necesidad de una persona que no pueda mantener su historia en orden. En un momento dice esto y luego se contradice.

El verdadero éxito en el ministerio siempre está edificado sobre la base de la integridad. Algunos predicadores encienden la congregación en fuego, pero cuando bajan del púlpito su carácter es tan frívolo, detestable y engreído que la gente se queda con muchas preguntas sobre ellos.

Aunque la Palabra de Dios haya sido predicada de la manera más elocuente, no fue recibida por corazones sinceros, sino filtrada por corazones escépticos.

Un gran mensaje sin integridad es solo ruido en los oídos de algunas personas. Si hay falta de integridad y discreción en el carácter, el resultado será que la próxima vez que esta persona se presente allí para predicar, nadie le tomará en serio.

La integridad debe demostrarse cuando usted esté predicando fuera de su iglesia. Es una buena práctica llegar temprano antes de la reunión. Si llega en avión, puede llegar más temprano en el día o incluso el día anterior. Una mujer predicadora viajó el mismo día de su reunión. Desafortunadamente perdió su vuelo de conexión.

El aeropuerto estaba a tres horas de distancia manejando a la iglesia. Cuando llegó allí, estaba tan cansada por todo el viaje y solo le quedaban 30 minutos para cambiarse de ropa y ordenar sus pensamientos; su mente era un remolino. Por consecuencia su mensaje careció de fuego- ella incluso alcanzó a ver a una persona profundamente dormida en la banca del frente.

Un descanso adecuado le habría ayudado detrás del púlpito y hubiera mantenido a los oyentes despiertos. Si ella hubiera podido llegar allí el día anterior, hubiera tenido el tiempo para refrescarse, orar y estar lista para su misión. Está demás mencionar que la reunión no salió tan bien como ella hubiera querido.

Si usted dice que va a estar en una iglesia para predicar en un día determinado, debe hacerlo. Si da su palabra, manténgala. Si va a llegar tarde avísale al pastor anfitrión.

Y, por supuesto, si usted estaba comprometida para predicar en una iglesia y necesita cancelar, no espere hasta el último minuto. Esa es una forma segura de cerrarse las puertas.

Si no es considerada con el horario del pastor, usted puede obstaculizar cualquier otra oportunidad de predicar que Dios tenga para usted. Tenga en cuenta que la integridad es cumplir con sus compromisos y promesas consistentemente.

FUERZA FÍSICA

El mundo está luchando agresivamente para controlar el problema de la obesidad en los Estados Unidos Por años esta enfermedad se ha infiltrado constantemente en la iglesia.

Algunas personas que han sido liberadas de las drogas y el alcohol han cambiado su adicción y ahora "comen en exceso." El azúcar es la nueva droga de elección. Los alimentos ricos en carbohidratos y las dietas altas en grasas han reemplazado a las adicciones ilegales.

El cuerpo de Cristo debe ser el templo de Dios (1 Corintios 3:16); desafortunadamente se ha convertido en una catedral de gigantes. Dios no permita que nos convirtamos en los Cretenses de "barrigas lentas" en Tito 2.

Los predicadores, y los santos en general, necesitan cuidar de sí mismos. Es una vergüenza que algunos predicadores hayan tirado sus cuerpos a la basura. El cuerpo ha tomado la forma de un caldero.

Cuando su cuerpo tiene sobrepeso, hasta el punto de la incomodidad, su fuerza física sufre. Cuando usted carece de energía todo lo demás sufre- demasiado cansada para orar, leer la Biblia o hacer cualquier tipo de evangelismo. Solo desea estar de perezosa, descansando.

Su cuerpo, que está fuera-de-forma, la empujará continuamente hacia abajo. Entonces su congregación (si usted es una pastora) no podrá tomar fuerzas de usted porque ha permitido que su carne se debilite. Las personas en su iglesia necesitan ver que usted no solo es fuerte en el Señor y en Su poder, sino que también usted es físicamente fuerte.

Si usted descuida su cuerpo y no mantiene una buena salud las personas lo notarán y comenzarán a preocuparse y hasta podrían desanimarse. La Biblia dice en tercera de Juan, ***"que seas prosperado… y tengas salud, así como prospera tu alma"*** (3 Juan 1:2). Ore para que su cuerpo tenga "buena" salud.

Jesús dijo que debemos ser sus discípulos. La misma palabra discípulo significa "disciplinado." Los predicadores deben ser los primeros en dar un buen ejemplo de la vida disciplinada.

Manejar nuestros hábitos alimenticios es un buen lugar por donde empezar, ya que gran parte de la vida de un ministro y santo de Dios toma lugar alrededor de la mesa del comedor. Los discípulos partían el pan, pero eso no significa que llenaban sus bocas de comida.

El convivio es muy beneficioso para los santos. La comida siempre parece tener mejor sabor cuando te sientas con la familia de la iglesia; estas son las personas con las que amamos estar.

Los almuerzos en la iglesia son muy beneficiosos para los santos. La comida siempre parece tener mejor sabor cuando la compartimos con la familia de la iglesia; son las personas con las que amamos estar.

Nos sentimos felices, pero entonces tendemos a comer en exceso sin pensar en lo que estamos poniendo en nuestra boca. (Tal vez esta es la razón por la cual el Señor instituyó el principio del ayuno, para que podamos así crucificar la carne y alejarnos de la glotonería).

La Biblia habla de moderación en todas las cosas, y esto también aplica a nuestra alimentación. El diablo sabe que somos ingenuos y ha creado otra gran trampa para nosotros llamada; "bufé-come todo lo que puedas comer."

Sin embargo, el desafío para nosotros es tener este principio en mente cuando estemos en comunión. Por la cantidad de comida en el plato de algunas personas en el comedor pareciera que van a alimentar a Godzilla.

Quizás piensan que la doble porción por la que Elías oró era para su plato de comida y no en lo espiritual. Para mantener un peso saludable, debe intentar resistir la tentación de ir por más comida. Sí necesitamos la doble porción de Elías, pero no es comida sino unción.

No es ningún secreto que la vida de un predicador en general es muy ocupada. Muchos son bivocacionales trabajando dos trabajos, y algunos hasta en tres.

Una mujer ministra tiene muy poco tiempo en sus manos. Si ella tiene una familia que administrar (esposo e hijos), un trabajo secular al que ir y una congregación a cargo, todo eso causa mucho estrés.

Ella debe estar muy organizada para orquestar las responsabilidades de su vida. En la actualidad, hay algunas mujeres pastoras que hacen las tres cosas. Trabajan diligentemente y han tenido un gran éxito. (Dios las bendiga, grande es su recompensa en el cielo).

La agenda tan ocupada de un ministro a veces no le permite sentarse a disfrutar de una comida nutritiva. Comen muy rápido o comen a menudo en restaurantes.

La vida de un evangelista es aún más difícil. A menudo comen tarde en la noche después del servicio, el peor momento para digerir la comida. Como ministro invitado, uno debe comer lo que se le ponga delante por temor a ofender al pastor anfitrión. Usted queda a merced de la esposa del pastor o de quien esté asignado para alimentarle.

Como una ministra invitada querrán complacerla cocinando mucha comida para usted. Así que usted tratará de tragarse la comida, aunque no le guste el sabor. Pero recuerde que si ya es tarde por la noche solo debe comer una porción pequeña.

Nota: La esposa del pastor siempre está muy ocupada y probablemente apreciaría un poco de ayuda. Es una cortesía común que si ella ha estado cocinando mucho usted se ofrezca para ayudar en la cocina.

Ofrezca limpiar la mesa. No deje los platos en el fregadero. Pregunte si no le importa si usted los enjuaga y los pone en el lavavajillas. Pregúntele si hay algo más que pueda hacer para ayudarla. No deje que ella haga todo por usted.

Cuando usted vaya a predicar fuera del país, notará que las opciones de comida son escasas y verá alimentos que ni siquiera reconoce. Es posible que no le guste la comida que le ofrecen en estos países extranjeros. En ese caso, es aconsejable llevar algunas meriendas nutritivas a las que usted está acostumbrada.

Afortunadamente, aquí en Estados Unidos, la iglesia anfitriona probablemente le preguntará qué le gustaría comer. Use esa oportunidad para elegir sus alimentos sabiamente.

Es común querer celebrar y alabar al Señor por todo lo que Él ha hecho en un servicio de avivamiento, pero en lugar de hacerlo con alimentos cargados de grasas o con postres altos en calorías, ¿por qué no celebrar de una manera que no sea con comida?

La mejor regla en general es comer livianamente mientras esté predicando en otras iglesias. ¿Es necesario decir algo más? Cada mujer predicadora o sierva de Dios probablemente sea consciente de su peso corporal.

Debemos elegir alimentos saludables para que podamos dar lo mejor de nosotras, no solo detrás del púlpito sino también ministrando en el altar o haciendo actividades de evangelismo antes del servicio.

No hay nada peor que sentirse indispuesta porque la comida nos hizo daño y tener que predicar un mensaje en esas condiciones. Si siente un poco de náuseas, es bueno detenerse y pedir a la iglesia que ore por usted.

Un cuerpo sano le será de gran ayuda. Hay muchas promesas en la Palabra que dicen que Dios renovará nuestra juventud y nuestras fuerzas. El mejor seguro de salud es la garantía de un estilo de vida saludable.

Aquí hay algunos consejos simples para seguir (probablemente ya los sepa) para mejorar su salud y condición física:

- **30 minutos de ejercicio diario**
- **Duerma lo suficiente, 8 horas más o menos**
- **Consuma alimentos saludables cuando sea posible**
- **¡Beba agua, agua, agua y té verde también!**
- **Maneje el estrés**
- **Delegue tanto como sea posible**
- **Ore, cante, adora a menudo**
- **Aprenda a reírse de usted misma**

SALUD GENERAL

Se podría decir tanto acerca de la salud de una mujer ministra. Pero incluso si usted tiene una dolencia física, todavía puede predicar el Evangelio. Algunos de los mejores mensajes han salido de predicadoras que están plagadas de enfermedades. ¿Quién sabe si el Señor pueda sanarla mientras usted predica ese mensaje que Él le dio?

Algunas ministras tienen diabetes, otras usan un bastón, algunas tienen dificultad para hablar, mientras que otras necesitan ayuda para subir a la plataforma a entregar la Palabra de Dios. Sin importar su situación, estas predicadoras siguen perseverando y hacen el trabajo para el Señor.

Una mujer predicadora joven le preguntó a una más veterana: "¿Está bien predicar cuando una tiene su ciclo menstrual?" Ella le respondió rápidamente, "¡Por supuesto que está bien!" La pastora mencionó que cuando era más joven la mayoría de las veces que le pedían que predicara en otras iglesias era cuando ella estaba con su ciclo.

Puede ser una molestia dolorosa, pero es solo temporal. Haga su mejor esfuerzo para soportar esas molestias y ore a través de esa distracción.

Otra mujer predicadora lamentó su historia. Le pidieron que predicara en una conferencia de damas. Ella estaba pasando por la etapa peri menopáusica de su vida. Sus períodos eran fuertes y a menudo acompañados de grandes coágulos.

Mientras ella predicaba ese día, a media mañana, sintió que un coágulo se desprendía y necesitaba correr al baño como solía hacer en su casa cuando eso le sucedía. Pero, ¿cómo iba a correr al baño cuando estaba detrás del púlpito predicando? En voz baja, comenzó a clamar a Dios por ayuda.

Milagrosamente, el Señor le dio una palabra de sabiduría. Se detuvo solo por un momento para preguntarle a la esposa del pastor anfitrión a qué hora se iba a servir el almuerzo. La esposa del pastor le dijo que lamentablemente el almuerzo se retrasaría un poco porque no se habían ordenado las pizzas a tiempo.

La predicadora se sintió aliviada y preguntó a la congregación: "Veamos, ¿quién necesita tomar un descanso para ir al baño?" Todos alzaron la mano. "Bien, entonces haremos una pausa de cinco minutos y luego continuaremos hasta que lleguen las pizzas" dijo la predicadora.

La Ella se escabulló al baño agradecida de poder ocuparse de su asunto sin ningún problema o humillación. El Señor hizo un milagro para ella.

Aquí dejo un consejo para las ministras jóvenes y las predicadoras que recién comienzan; Cuando usted sea la ministra invitada y se aloje en la casa del pastor o en la casa de una familia de la iglesia, recuerde llevarse la basura a su casa al fin de su estadía o deshágase de ella en el camino.

En muchos de los hogares pastorales tienen mascotas. Y, curiosamente esas mascotas saben cuándo hay un visitante allí. Y si usted no tiene cuidado, cuando no esté mirando, ellos olfatearán la basura que usted dejó y ay, ¡qué desastre van a hacer!

Si no presta atención a esta advertencia lamentará no haberlo hecho. Esos descuidos mostrarán abiertamente su negligencia.

Una mujer evangelista se horrorizó un día. Ella era la predicadora invitada y estaba allí para unos servicios de avivamiento. Ella contó que estaba sentada en la casa del pastor hablando con ellos.

Sin que ella lo supiera, su perro se había metido en su maleta, sacó su ropa interior y la llevó a la sala, delante de todos. Ella estaba muy mortificada y no lo podía creer. Sentía que sus mejillas ardían de la vergüenza.

Ella decidió terminar su visita esa noche e irse de la ciudad antes de lo esperado. Desafortunadamente dice que no piensa regresar a esa iglesia. Este error le causó gran vergüenza, pero se podría haber evitado.

__Un mensaje para los sabios:__ Use sabiduría cuando esté en el hogar de alguien más. Mantenga su maleta cerrada. Cierre la puerta de la habitación. Y llévese la basura a su casa o sáquela al contenedor afuera.

LA SANIDAD EMOCIONAL
No Salgas de La Casa sin Eso

Una mujer predicadora debe asegurarse de que ha recibido su sanidad emocional para sus problemas pasados, si le es necesario; ya sea un divorcio previo, la muerte de su cónyuge, desilusión o angustia a causa de sus hijos, cualquier forma de abuso emocional, verbal, sexual, violación, aborto, recuerdos de ser una esposa maltratada o cualquier tipo de problema o trauma del pasado.

Ella no debe traer estas heridas a su ministerio. Por otra parte, una mujer que ha sido sanada de estas cosas, puede ser usada por Dios para alcanzar a los demás con su testimonio de sanidad y liberación.

Es aconsejable que una mujer sea una persona íntegra y saludable (espiritualmente) antes de salir y tratar de ministrar a los demás. Sin duda ella se encontrará con alguien que tiene un problema como el suyo y eso va a despertar recuerdos amargos en ella.

Si ella no se tomó el tiempo para recibir su sanidad completa, la herida aún sangrará. Si no ha cuidado de esa herida, como se haría con una herida física, entonces es seguro decir que no ha sido restaurada para tener una salud espiritual completa.

Sin la atención adecuada eso podría abrumarla en su ministerio y hacerla perder el control de sus emociones. Algunas mujeres ministras salieron al ministerio demasiado pronto y no habían sido completamente sanadas de su dolor emocional por los problemas del pasado.

Ellas solo lograron ministrar por algunos años y luego tuvieron que regresar a casa para lidiar con la angustia interior.

Una cicatriz es un lugar donde una vez estuvo una herida, pero ya ha sido sanada; usted puede compartir el testimonio de su pasado; es solo una cicatriz.

Pero cuando la herida sigue sangrando debe tratarse. La mujer ministra novata debe dejar atrás el pasado y estar completamente lista para ir a hacer el trabajo para Dios.

Una mujer predicadora debe estar preparada para ser usada en todas las áreas, no sea que ponga en peligro su ministerio y se quede por el camino.

Alguien dijo: "La fuerza física se mide por lo que podemos cargar; la espiritual por lo que podemos soportar." La Sangre de Jesús está aquí para sanarla, para que usted no tenga que soportar la vergüenza y la culpa del pasado.

Nosotras podemos vivir libres y caminar en nuestra sanidad emocional... pídale al Señor que la ayude. El sincerarse siempre es bueno, siempre que se haga a los pies de Jesús.

Hasta cierto punto usted tendrá algunos recuerdos de los abusos de su pasado, y si no los tiene resueltos cuando usted comience a aconsejar a alguien en su iglesia cuya historia suene como la suya, hará lo que los psicólogos llaman, "transferencia."

En lugar de ayudar a la persona por medio de la sabiduría divina y las escrituras, usted simplemente se "lamentará" y eso los mantendrá atrapados en sus problemas. La simpatía sólo paraliza a una persona, la compasión desea ayudarla.

Para que realmente sea usada por Dios para hacer que las personas avancen más allá de sus heridas, usted primero debe estar completamente despojada de sus propios problemas... y esto requiere honestidad y coraje.

<u>Carol Clemans</u>, consejera Pastoral Certificada / Docente de Vida Cristiana / profesora de Biblia inspiradora, ministra ordenada del UPCI, y oradora lo dice así en su artículo,

Conviértase en una Ayudante de la Sanidad Como Parte de Su Ministerio

Cuando nacemos de nuevo del agua y del Espíritu, Dios remueve nuestros pecados. Él arroja nuestros pecados al fondo del mar y los olvida.

PERO Él no elimina nuestras emociones o recuerdos. Estos quedan en la parte de nuestro interior que contiene todos los eventos de la vida.

Si hay un gran dolor en nuestro interior que no ha sido procesado a través de la verdad de Dios, nuestra manera de pensar y nuestro patrón de relaciones pueden ser extremadamente disfuncionales.

He estado aconsejando oficialmente por 20 años y en el ministerio por más de 50 años. He sido testigo de muchos en el ministerio que lastiman a otras personas porque aún están sufriendo por las heridas del pasado.

Algunos se vuelven abusadores espirituales, dictadores, controladores, desconfían de todos y tienen problemas para permitir que otros prosperen en su área de ministerio, otros son impulsados por un espíritu orgulloso, y tienen problemas para controlar la ira, etc.

En mis 20 años como consejera, he aconsejado ministros (hombres/mujeres) con adicciones sexuales, problemas matrimoniales y problemas en sus relaciones, etc.

Muchos de estos líderes fueron abusados sexualmente en su infancia y el diablo usa ese dolor del pasado para tentar, conducir al pecado y causar disfunciones mayores.

Por favor, no le cuente a los demás, "¡Solo ore y entrégueselo a Jesús!".   ¡Sí! la oración es una parte importante de la sanidad.

Pero si usted no se nutre de cómo cambiar la forma en que piensa sobre ese dolor en su vida, su pensamiento distorsionado obstaculizará su capacidad de ministrar de una manera saludable.

La Biblia dice que somos 'transformados al renovar nuestra mente.' Una persona que proviene de una infancia abusiva generalmente tiene sentimientos negativos y permite que sean esos sentimientos negativos los que definan quién es.

Pero esos sentimientos se basan en mentiras de Satanás que desea paralizar el potencial de las personas para Dios. Algunas personas actúan con ira, agresividad y orgullo, tratan de 'demostrarle' a los demás cuán grandes son para Dios. El corazón herido es sanado por la verdad de Dios.

Existen numerosos libros sobre curación espiritual en todos los temas de la vida. Aquí hay algunos que ella recomienda. Carol Clemans: *Healing for Damaged Emotions* - David Seamands, *The Door of Hope* - Jan Frank, *Search for Significance* - Robert McGee, *Breaking Free* - Russell Willingham, y *How People Grow & Boundaries* - Dr. Henry Cloud / Dr. John Townsend.

Otra opción es hablar con un profesional. Hay muchos consejeros cristianos para ayudarlo a sanar. Para ponerse en contacto con la Hermana Clemans, contáctela al 1 (636) 448-0121 o vaya a su sitio web: ***www.carolclemans.org*** para enseñar CDs, ella tiene más de 140 artículos y un libro disponible: ***GOD'S DESIGN FOR MARRIAGE*** (EL DISEÑO DE DIOS PARA EL MATRIMONIO).

Obtenga la ayuda que necesita para recuperarse. Vaya a un grupo de apoyo si es necesario y lleve una amiga. Estos grupos específicos de apoyo son invaluables, muy buenos. No todos en la iglesia pueden ayudarle, porque no todos han sido abusados.

Y no todos están equipados para manejar eso y podrían no tener compasión de su situación. Algunos podrían cerrarse y no querer escuchar acerca de sus fantasmas. No pueden entenderla porque nunca caminaron en sus zapatos; es como arrojar sus perlas a los cerdos.

El consejo más común que usted escuchará es "Solo supéralo," pero eso no ayuda, solo profundiza la herida. Usted necesita a alguien que pueda identificarse con su dolor y entienda cómo se siente.

Usted puede compartirlo con su compañera de oración y permitir que ella ore por usted. De esta forma estará completamente equipada para lo que viene. No se avergüence...busque ayuda.

Cuando nuestra salud emocional está intacta y los golpes de la vida nos derriben, y lo harán, sabemos que nuestra identidad y autoestima están solo en Dios.

Es importante que su salud emocional se mantenga intacta, de modo que no se inmute por los desafíos que conlleva estar en el ministerio.

Aquí está el sabio consejo de la Dra. Lynda Allison Doty, ministra ordenada de IPUI, autora del libro HELP ME HEAL, y Fundadora de la Conferencia Nacional de Damas Help Me Heal:

Personas Heridas, Hieren a Otras Personas:

Una de las cosas que he notado cuando viajo y ministro en nuestras Iglesias- y estoy segura de que probablemente lo haya visto en su propia iglesia - es la cantidad de dolor que prevalece. Las personas llegan a nosotros tan heridas, y terminamos con el efecto de puertas giratorias en tantas iglesias. Lo he visto suceder en muchos altares.

Aquellos hermanos que anhelan con todo su corazón ayudar a los demás son a menudo los que más sufren. Hay un dicho antiguo que comenzó con Jesús mismo, acerca de los ciegos guiando a los ciegos. Y la parte triste de todo esto es que la gente herida, hiere a otras personas.

¡Cuánto más en el ministerio! ¿Cuántos de nosotros podemos decir con sinceridad que no hemos sido testigos del daño causado a la iglesia por los propios líderes? ¿Cuántos de nosotros no hemos sido lastimados por otros líderes?

A menudo he escuchado la excusa: él o ella es una persona insegura... él o ella ha pasado por mucho.

Es por eso que aliento a todas y a cada una de las jóvenes que vienen a mí para ingresar al ministerio; que se aseguren que están sanas y completas antes de salir a ministrar. No salga a ministrar mientras aún está herida. Los soldados heridos no siempre regresan a casa.

El punto no es que debemos ser perfectos antes de que podamos hacer algo para Dios, porque eso no es verdad. No conozco una sola persona que sea perfecta. Dios sabe que yo no lo soy. Pero tenemos que estar en un lugar donde hemos pasado por la mano del Alfarero.

Necesitamos saber en nuestros corazones que hemos estado en Su rueda y que elegimos permanecer allí hasta que Él nos dijo: "¡bien hecho!" Como solía decir mi amiga Nona Freeman, debemos permanecer bajo la sombra refrescante del cartel de alto (señal de stop) de Dios hasta que Él nos diga que podemos avanzar.

Nuestro Dios es un Dios bueno. Muy cerca de Su corazón está Su propia petición de oración: ¡Envía obreros! Él quiere enviarla a usted más de lo que usted quiere ir. Si siente que todavía hay necesidad de sanidad en su corazón, corra a Él ahora mismo y clame: "¡Señor, ayúdame a sanar!"

RESPONSABILIDAD FINANCIERA
Manténganse libre de deudas

Usted necesita ser responsable de sus deudas. Esto suena obvio, pero no todos viven según este principio... así que pague sus cuentas, mujer ministra. Muchas mujeres están dispuestas a salir y cumplir con su llamado, pero enfrentan deudas tan grandes que no pueden ir.

No gaste lo que no tiene. No llegue al límite de sus tarjetas de crédito. Aquí una palabra de sabiduría: viva dentro de sus posibilidades. Evite entrar en esclavitud financiera.

Hay una línea muy delgada entre alguien que es tacaño y alguien que desperdicia el dinero. ¿Por qué parece que las personas que nunca tienen suficiente dinero son las personas que nunca dan de su dinero? Cuando se trata de dinero, los ministros debemos ser los más moderados...pero no mezquinos (Proverbios 11:24, 25).

Una mujer ministra debe vivir con disciplina y sabiduría en los asuntos de dinero. Deje que estas virtudes le impidan comprar impulsivamente, eso le permitirá tener siempre suficiente.

Es tan fácil caer presa de gastos innecesarios; francamente esa es otra gran trampa del diablo para mantenerla en una prisión financiera. Una prisión de deudas dificulta la libertad para ir a predicar.

Por lo tanto, pague sus deudas personales. Pague sus préstamos. Trata de no usar tarjetas de crédito. Mantenga sus gastos bajo control, 1 Corintios 9:25 dice que *"todo hombre que lucha por el dominio es templado en todo."*

Si hay alguien que necesita pagar sus cuentas a tiempo, antes que todos los demás, ese es el que predica la Palabra. Incluso Jesús pagó sus impuestos al César. Él no tenía que hacerlo, Él es dueño de todo el mundo. Pero lo hizo para darnos un ejemplo a seguir. Seamos diligentes en pagar lo que debemos.

Hay muchos recursos cristianos que enseñan sobre administración del dinero. Úselos para ayudarle a emprender el camino hacia la libertad financiera.

No ande por ahí lloriqueando y quejándose de que no tiene suficiente dinero. Use disciplina. Busque los especiales. No gaste lo que no tiene. Si desea algo ahorre para comprarlo.

Un plan financiero, que quizás desee considerar, es el "Plan 10-20-70." Esto es lo que debe hacer: diezmar el 10%, guardar el 20% y vivir con el 70% de sus ingresos. Le sorprenderá lo avanzada financieramente que estará en un año.

Consulte **Crown Financial Planning** (Christian Financial Planning) en Internet: Y también, hay un libro para todos los predicadores deberían leer, escrito por un ministro apostólico, *"Making Mammon Serve You"* por el Rev. John F. Harrison.

Ese libro enseña principios bíblicos con respecto a su dinero y formas de alcanzar la libertad financiera. **Puede encontrar su sitio web en: www.aspirefa.com/mammon.html**.

Cuando sea la ministra invitada en una iglesia, no acumule cuentas y luego espere que la iglesia se las pague. El hecho de que usted sea la ministra invitada no significa que usted sea la abeja reina. No espere ser alojada en un hotel de 5 estrellas.

Siéntase feliz con el alojamiento que la iglesia anfitriona pueda pagar para usted. Usted está allí como una humilde servidora de Dios para bendecir a la iglesia y no para ponerlos en deudas.

Si los pastores anfitriones la llevan a comer sea considerada y seleccione algo del menú que tenga el mismo precio o menos del valor del plato que elija el pastor anfitrión. Tenga en cuenta el presupuesto de la iglesia. Nosotras, las mujeres ministras, queremos vivir sin reproche alguno.

En su noche de clausura, siempre es recomendable dar un sincero agradecimiento desde el púlpito. Debe hacer referencia a la amabilidad del pastor y al buen trato y generosidad de la iglesia.

Siempre es apropiado enviar una nota de agradecimiento a la iglesia anfitriona por su ofrenda y gentil hospitalidad. También es bueno mencionar que disfrutó estar con la congregación y espera con gozo poder regresar en un futuro cercano.

ETIQUETA GENERAL PARA MINISTRAR

San Ambrosio tenía razón cuando dijo: "Cuando esté en Roma haga como los romanos." El antiguo sabio nos estaba enseñando a ser adaptables y corteses, lo cual es ventajoso para cualquiera que esté en tierra extranjera. Uno debe cumplir con las costumbres de cada cultura cuando uno es un visitante.

Este ingenioso principio no aplica solo para los turistas, sino también para la mujer ministra. Ella llegará lejos en su ministerio si es flexible a las costumbres locales, tradiciones o normas de la iglesia cuando ella está predicando allí.

El apóstol Pablo lo dijo así: ***"Yo soy todo para todos, para que de todos modos salve a algunos." Y hago todo por el bien del evangelio"*** (1 Corintios 9: 22-23 de acuerdo a la traducción ASV en inglés).

Siempre es aconsejable verificar con anticipación cuáles son los estándares locales. Como una nueva predicadora, usted quiere ser obediente a las reglas del púlpito, de la casa o de la plataforma del pastor anfitrión. No tenga miedo de preguntar.

Después de la predicación, no imponga manos sobre nadie hasta que el pastor la reconozca para hacerlo. Es prudente aclarar esto antes de que comience el servicio. Debido a problemas del pasado, algunos pastores no quieren que los predicadores invitados se mezclen con la congregación.

Si alguien de la congregación se acerca a usted y quiere escribirle un cheque como una ofrenda debe redirigirlos al Pastor.

Si alguien le da un "apretón de manos" y le pone un billete de $20 o $50 en la mano para bendecirla debe preguntarle al Pastor si quiere que ponga ese dinero en el plato de la ofrenda o se lo puede quedar.

Esa es una forma de ser abierta y honesta con el Pastor anfitrión. Si él o ella descubren más tarde que recibió dinero y no se lo mencionó no se verá bien de su parte. Debe caminar derecha todo el tiempo.

Debe hacer lo mismo si una persona de la iglesia le da su tarjeta personal y quiere llamarla en algún momento, si usted tiene un negocio secundario, por ejemplo, hágaselo saber al Pastor para que no haya ningún malentendido.

Usted está allí para predicar, no para pastorear; esa es la congregación del pastor anfitrión, no la suya. Cuando esté predicando el mensaje, recuerde permanecer en la Palabra y en el objetivo. Tenga cuidado de no inmiscuirse en asuntos sin importancia.

Es bueno moverse en los dones del Espíritu Santo, si usted está dispuesta a hacerlo, pero asegúrese de que el pastor está de acuerdo en que lo haga. Después del culto, es la responsabilidad del pastor anfitrión proveerle sus comidas, alojamiento y ofrenda.

Él o ella probablemente hablarán de esto con usted de antemano.

<u>Nunca olvide esto</u>: *Debe saludar primero a la esposa del pastor al llegar. Ella apreciará el respeto femenino que usted le dé y disminuirá cualquier sospecha sobre usted. No suponga automáticamente que a ella le agradan las mujeres predicadoras.*

Mi Testimonio

Mi Llamado Ministerial

**Reverenda Janice Alvear
Misionera en Brasil
45 años**

Yo nunca realmente "escuché la voz del Señor" llamándome para "ir a predicar", pero sí me llamó a ser una misionera cuando yo era una adolescente. Un día lo escuché llamando mi nombre, literalmente. Él me dijo que "fuera a predicar a la gente de Brasil."

Y lo primero que pensé fue ¿qué significa la palabra "misionera"? el significado de la palabra "misionero" cambia de acuerdo a las personas.

Uno de los significados en el diccionario dice que es un grupo de enviados (representantes o mensajeros) a un país extranjero.

Bueno, para mí significó ir a las ciudades, villas, junglas, a contarle a los pueblos paganos sobre la transformadora historia de Jesús. Significó ser desafiada por brujos y sacerdotes, amenazada por bandidos, enfrentarme a indios caníbales, trabajar en una colonia de leprosos y hablar en escuelas públicas y universidades de Brasil.

Significó ir a lugares donde nunca se les había permitido ir a predicadores hombres, pero algunos me condenaron por estar dispuesta a ir.

Tuve que pasar por arroyos infestados de cocodrilos para evangelizar y bautizar a los nuevos convertidos.

Como misionera tuve que mezclar cemento y colocar ladrillos para construir nuevas iglesias. Ministré en bodas y en funerales, y en algunas ocasiones ayudé a mujeres dando a luz a sus bebés.

Ser misionera significó enseñar clases para nuevos convertidos y preparar a las personas para el ministerio. Significó ver el comienzo de nuevas obras y el crecimiento de esos trabajos. Significó estar horas en programas de radio.

Significaba noches largas sin durmiendo, viajar por tierras remotas, beber agua contaminada y comer todas tipas de cosas que unos se llaman "comida" (algunos de los cuales eran indescriptibles). Significaba compartir habitaciones con murciélagos, ratas y todos tipos de animales que se arrastraban y volaban en la noche.

Ser misionera significó sentarme en las convenciones de mi propio país y escuchar a hombres haciendo comentarios cortantes sobre las mujeres en el ministerio. Significó estar dispuesta a ir contra la corriente y obedecer un llamado que es más fuerte que los lazos terrenales. Significó ser diferente de lo ordinario.

Significó amar a todas las almas sin importar las circunstancias. Ser misionera significó acoger niños abandonados o niños cuya madre fue asesinada por ser una predicadora del nombre de Jesús, y luego adoptarlos y amarlos como mis propios hijos.

Significó amar a mi propio hijo y hacer sacrificios por aquellos diez huérfanos de la calle que había adoptado. Significó viajar por el camino solitario de no saber de dónde vendría la próxima comida, o el dinero para pagar el alimento necesario para alimentar a todos esos niños.

Tal vez la mayoría de los profetas y profetisas en la Biblia tuvieron que viajar por caminos solitarios para obedecer a Dios, aun cuando no podían entender el por qué en ese momento.

Yo tampoco encuentro las palabras para describir la angustia desoladora que a veces he experimentado. Igualmente, difícil de explicar es el llamado de Dios tan fuerte en mi corazón. Todo eso es probablemente parte de ser una misionera.

¿Cómo se puede describir una sensación tan profunda y más grande que las palabras, un llamado tan sagrado? Esta carga es tan pesada que nunca desaparece.

Estar por 45 años en Brasil, América del Sur, ha sido tan gratificante como agotador. Muchos creen y están de acuerdo en que todos deben escuchar y obedecer el Evangelio para ser salvos, pero ¿deberían los líderes de la iglesia preocuparse por quién está contando la historia?

¿Qué diferencia hace el género de la persona que está sacando a otras de las llamas del infierno? ¿O qué diferencia hace si es un hombre o una mujer quien salva a las personas que se ahogan en un río tórrido?

¿Les importó a los soldados horrorizados quien contestó la llamada esa tarde fría de marzo de 1869 cuando Ida Lewis respondió con prisa para rescatar a los que lloraban en las agitadas olas del Lime Rock Lighthouse en Newport, Maine? Uno de los hombres que se estaba ahogando perdió la esperanza cuando vio que era una mujer la que venía remando a salvarlos.

Sin embargo, pronto cambió de parecer, una vez que el trabajo se realizó con éxito. Ella tenía una fuerza feroz que no era solo de ella. Ella le dio la gloria a Dios por lo que Él había hecho a través de ella. Más tarde, un periódico registró que ella dijo que; el Dios Todopoderoso le dio fuerzas cuando ella más lo necesitaba.

Las mujeres pueden salvar vidas al igual que los hombres. Mujer ministra, no tema en cumplir la tarea que tiene delante de usted. Solo crea que Dios la ha llamado y le permitirá terminar su carrera.

¡Estoy feliz de haber contestado el llamado!

Capítulo Cuatro

LAS RELACIONES DE LA MUJER MINISTRA

El Sano Compañerismo Es Muy Importante

MUJERES CON OTRAS MUJERES

Dios creó a las mujeres para que sean naturalmente amorosas y afectivas. Las mujeres tienden a crear lazos entre ellas muy rápidamente y lo muestran abiertamente.

Algunos hombres, o tal vez todos los hombres, no entienden este don que Dios dio a las mujeres de hacer amistades entre ellas. Teniendo esto en cuenta, debe ser muy cuidadosa de que sus amistades no sean vistas por otros como desmedidas y extrañas.

Una mujer predicadora mencionó que un hombre le dijo despectivamente: "Hermana, usted siempre está rodeada de mujeres. Cada vez que la veo está saliendo con mujeres" como si eso fuera algo raro.

Ella respondió: "Hermano, ¿qué quiere que haga, que salga con hombres?"

Ella hacía lo correcto al estar en compañía de otras mujeres. No estaría bien que ella saliera sola con predicadores hombres ¿verdad? Eso no sería apropiado. Al parecer, este hombre no entendía la amistad entre mujeres.

Los hombres generalmente no necesitan compañerismo como lo hacen las mujeres, y por eso lo ven como algo insignificante o molesto. Nuestras amistades femeninas son mal entendidas por nuestros homólogos masculinos.

Aunque puede ser difícil de comprender para los hombres, nuestra psique femenina necesita tanto de la amistad como nuestro cuerpo físico necesita alimento diario.

Hay muchos beneficios en tener relaciones sólidas y sanas con otras mujeres, especialmente en el ministerio. La camaradería es la mejor defensa contra el abatimiento.

El compañerismo acaba con la insoportable soledad que se sufre en el ministerio. Por lo tanto, este tipo de vínculo es de muchas maneras una línea vital para nuestro ministerio.

No hay nada mejor y más satisfactorio que tener a alguien confiable con quien usted pueda compartir sus esperanzas, sus sueños y también sus decepciones.

Alguien dijo una vez: "La amistad es como una estrella: no ves su luz en el brillo de la prosperidad, sino en la oscuridad de la adversidad."

Una verdadera amiga puede ser una gran luz cuando usted está en un lugar muy oscuro. Todo el mundo necesita compañerismo. Pablo, el apóstol tenía sus compañeros de viaje.

Como una nueva mujer ministra, usted debe rodearse de otras ministras. El Señor la dirigirá a encontrarlas. Hay muchas ministras, pastoras, evangelistas y misioneras veteranas que están comprometidas a ayudar a las nuevas predicadoras. No tenga miedo de acercarse a ellas. Recuerde que ellas también comenzaron dónde usted está hoy.

Es una buena idea tener a mano la información personal de ellas. Reúna su coraje y llámelas en algún momento, hágales saber que está orando por ellas. Tal vez quiera ponerse en contacto con ellas escribiéndoles una tarjeta.

Ellas serán un tremendo sistema de apoyo para su ministerio. Y tal vez para su sorpresa usted terminará con una mentora, una camarada y una amiga para toda la vida.

A medida que crece en sus nuevas amistades con otras ministras, debe tener cuidado de cómo se comporta con ellas en público. Como mencioné anteriormente, algunos hombres piensan automáticamente que si una mujer es predicadora y no está casada entonces debe ser lesbiana.

Aunque es doloroso considerar que la gente podría pensar de esta manera sobre las mujeres predicadoras, nosotras sabemos que no es cierto en lo absoluto. Por lo tanto, las ministras debemos caminar con prudencia en todo momento (Efesios 5:15).

Si usted es soltera y necesita una amiga que la acompañe en su camino evangelístico, hágalo, lleve una amiga con usted, es muy bueno por razones de seguridad y para tener una compañera de oración. Sin embargo, debe esforzarse por abstenerse de toda mala apariencia.

Por favor intente no exagerar en público y no tocar tanto a su amiga para que la gente no haga preguntas sobre ustedes. Esto puede provocar sospechas en la mente de otros; mida sus acciones y sea particularmente respetuosa con el llamado que Dios ha puesto en su vida.

Debe tener en cuenta que las personas de la iglesia anfitriona, especialmente los nuevos creyentes, la observarán muy bien porque usted es la predicadora invitada. ¡Y sí! incluso la estarán "mirando" literalmente. Es posible que estén pendientes de cómo se peina, qué ropa usa, si sus zapatos combinan con su ropa, etc.

Entendiendo que todos los ojos estarán puestos sobre usted debe ser cautelosa acerca de cómo se comporta con los demás. Usted es la ministra invitada, así que sea amigable, pero sin exagerar.

¿Qué pasa si usted es el tipo de persona que tiene dificultad haciendo amigas? ¿Qué pasa si siente que simplemente usted no encaja? ¿Qué pasa si teme ser rechazada por otras mujeres ministras?

Estas preguntas son válidas y se hacen con frecuencia entre algunas de las mujeres predicadoras nuevas en el ministerio.

Ellas también luchan con el tipo de ansiedad relacionada con hacer amistades. La buena noticia es que usted no está sola.

Es común que las nuevas ministras quieran ser apreciadas y aceptadas.

A medida que se forman los grupos de ministras y las amistades crecen, es importante señalar que no todas se sienten así. Entonces, como resultado, algunas damas recurren a hacer esto solas.

Tal vez sea porque carecen la habilidad para hacer nuevas amigas. Es la elección de cada una si desea tener solo una o dos amigas.

La mayoría de las mujeres, sin embargo, disfrutan de la dulce amistad y el compañerismo con otras ministras. Hay una frase que dice; Ningún hombre (o mujer) es una isla para sí mismo. Se estaría engañando a sí misma si pensara que puede hacer el trabajo del ministerio por usted misma.

Hoy en día se necesita tener conocidos y contactos para obtener oportunidades para predicar, se requiere tener amistades. Una debe vencer el temor de hacer nuevas amigas en el ministerio y continuar en la obra del Señor.

En otra nota sobre nuestras amistades femeninas, no todas se llevarán bien con todas. Puede que haya mujeres predicadoras con las que usted choque. Eso ocurre porque hay muchas personalidades y temperamentos diferentes.

Esto no debería ser una sorpresa. Nadie se lleva bien con todos. Es imposible estar de acuerdo con todas las personas con las que usted se encuentra, así que no debe alarmarle que eso suceda. Ese es el comportamiento normal de los humanos.

La Biblia dice que ***"si es posible, en cuanto dependa de ustedes, <u>estén en paz con todos los hombres</u>"*** (Romanos 12:18). Trate de mantener la paz con los demás. No sea rápida para juzgar. Perdone y pase por alto las ofensas. Está bien si otros son diferentes, mientras se mantengan en la doctrina.

Un gran líder dijo: "Siga adelante para llevarse bien," así que, si no puede llevarse bien con alguien y no está dispuesta a tratar, entonces simplemente continúe haciendo nuevas amistades. No intente forzar sus opiniones sobre nadie solo para tener la razón.

Aristóteles tenía razón cuando dijo: "desear ser amigos es un trabajo rápido, pero la amistad [verdadera] es una fruta que madura lentamente." Toma tiempo producir una amiga para toda la vida.

Comprender los diferentes tipos de personas es la clave que la guiará para amar a los demás sin importar la circunstancias. Ore por un *"espíritu excelente"* como el que tenía Daniel (5:12). Él tenía el conocimiento y la comprensión que le enseñaba acerca de las personas.

Sea paciente y esté dispuesta a dejar que las personas sean personas. Necesitan ser ellos mismos tanto como usted necesita ser usted misma. Probablemente otros no vayan a ceder a sus ideas solo para hacerla feliz.

Esto no es la escuela secundaria donde se jugaban jueguitos femeninos tontos. Sea abierta y honesta con sus propias faltas. Nadie es perfecto... solo la gracia de Dios es perfecta.

Como ministras todas buscamos avanzar el reino de Dios. Ahora es el momento en que las puertas se están abriendo por todas partes para que las mujeres puedan avanzar y comenzar sus ministerios. Para que esto ocurra se necesita estar disponibles, en oración y... tener algunas buenas amigas.

Trate de ser un apoyo amistoso para otras ministras. Intente ser la amiga que todas quieran tener. Tomará un poco de esfuerzo de su parte, pero se puede obtener.

MUJERES CON HOMBRES

Una mujer que ingresa en el ministerio debe darse cuenta de que está entrando en lo que comúnmente se conoce como un "campo de hombres". Aunque las cosas están cambiando lentamente en esta área, debe aprender cómo dirigirse a los hombres de Dios que son puestos en su vida.

Usted necesita obtener un conocimiento práctico de cómo los hombres en general procesan su mundo para que así usted pueda descifrar la manera correcta y la manera incorrecta de trabajar con ellos en el ministerio.

Una mujer ministra prudente se acercará discretamente al terreno del ministerio. Con esto queremos decir que ella debe prestar atención a las circunstancias en las que se encuentra.

Tenga cuidado y considere el entorno que involucra a los hermanos (es decir, reunión de negocios, entrenamiento del departamento o conferencias de distrito). Y debe ser consciente de las posibles consecuencias de sus errores.

Siempre es bueno tener un hermano que la conozca al que no le importe si usted le hace preguntas sobre un tema que no entiende en ese momento.

Si no está segura a quién preguntar, busque el consejo del Señor y Él le proporcionará un amigo predicador.

Es una buena práctica tratar a todos los predicadores varones en general con respeto y reverencia. Esto disipará cualquier noción o mito de que las mujeres predicadoras odian a los hombres.

No corra hacia un hermano y trate de darle la mano de manera agresiva (especialmente en público). Recuerde, no somos "uno más entre los hombres", así que no actúe de esa manera. Espere un momento para intercambiar un saludo. No se adelantes en sus acciones, muévase lentamente.

El Señor los traerá a usted. No los persiga gritando sus nombres. Si tiene que hablar con ellos, digamos que, debido a un asunto urgente, sea amable al respecto. No sea cortante con sus palabras.

Trate de verse lo mejor que usted pueda, por todos los medios; vístase apropiadamente, arregle bien su cabello, sonría amablemente y huela bien. Los hermanos quieren sentirse orgullosos de tenerla a usted como una colega ministra.

La Biblia enseña en 1 Timoteo 2:9 que una mujer debe ataviarse con "pudor;" esto simplemente significa "conducirse correctamente."

Cuando una mujer ministra está en la presencia de los hermanos, debe recordar tener un tono tímido, respetuoso con ellos y no pararse con un lenguaje corporal que sea intimidante (es decir, su mano en la cadera).

No tenemos nada que probar. No tenemos que defender nuestra posición, ni caminar con la cabeza encorvada, ni sentirnos como perdedoras. Somos llamadas por Dios, pero necesitamos ser humildes al respecto.

Por lo tanto, debe comportarse en todo momento con aplomo y humildad. En general, como el nuevo niño de la cuadra, usted debe ganarse su confianza y respeto.

Una mujer ministra nunca debe estar muy cerca de la cara de un predicador masculino cuando habla con él. Es interesante notar que eso es lo que hacemos las mujeres cuando hablamos entre nosotras.

A nosotras nos gusta la comunicación cara a cara, es decir, nariz con nariz (por así decirlo) cuando tenemos una conversación profunda y hablamos desde el corazón. Sin embargo, en el mundo de un hombre, cara a cara significa que usted lo está desafiando.

Necesita entender eso. Dé un paso atrás, "apártese un poco"; nuestros hermanos no son niños pequeños a los que debe reprender como si fuera una madre.

Cuando hable con un hermano intente pararse a su lado, como si estuvieran pescando en la orilla de un río; así es como se comunican la mayoría de los hombres. Si se adhiere a este buen consejo, los hermanos podrían estar más dispuestos a conversar con usted.

Los hombres argumentan que es casi imposible entender a una mujer. En la otra cara de la moneda, muchas mujeres piensan que los hombres piensan como las mujeres.
Sin embargo, lo opuesto es verdad. Los hombres no procesan su mundo igual que las mujeres procesan el suyo.

Hay estudios que demuestran que esto es cierto. Es importante entender este concepto para el éxito de su ministerio. Este libro no cubre el vasto tema de las diferencias entre los sexos. Algunos programas de radio cristianos han cubierto este tema en profundidad muchas veces a través de los años.

Sería beneficioso para usted leer sobre el tema.*

Una pastora anciana una vez aconsejando a una mujer ministra le dijo que ella sería una predicadora más exitosa si supiera leer a las personas y entender diferentes tipos de personalidades. Este consejo funciona también para tratar con los hermanos.

Ya sea que esté casada o soltera, lo mejor que una nueva mujer ministra podría hacer por sí misma es estudiar el corazón y la mente de un hombre. Necesita investigar y aplicar cualquier principio de este conocimiento que encuentre. Esto le permitirá obtener grandes beneficios que valdrán la pena grandemente.

VEA EL APÉNDICE PARA UNA LISTA DE LIBROS SOBRE ESTE TEMA.

A medida que conozca a los hermanos en su congregación o distrito, ellos estarán más relajados a su alrededor. Las mujeres predicadoras deben ser sus aliadas, no enemigas en el reino de Dios. No debemos ser repulsivas sino graciosas.

Los hombres generalmente quieren confiar en las mujeres en el ministerio. Sin embargo, si un hombre tuvo una mala experiencia con una mujer predicadora, puede que él sea extremadamente cauteloso e incluso distante. Él podría prejuzgar solo porque usted es una mujer predicadora.

Lo más probable es que a los hermanos no les moleste tener mujeres en su equipo, pero primero quieren sentirse seguros de tenernos allí. Así que sea paciente, tarde o temprano, se sentirán más cómodos con usted.

<u>**UNA PALABRA DE PRECAUCIÓN**</u>

Cuando un hermano se vuelva amigable y se sienta cómodo hablando con usted, tenga cuidado de no involucrarse en charlas excesivas, a menos que sea su pariente lejano. Debe aplicar el mismo principio que en la relación de mujer a mujer; debemos abstenernos de toda mala apariencia.

Tenga cuidado de cómo y cuándo habla con él. Escoja sus palabras con cuidado. Asegúrese de que hablan en un lugar público bien iluminado y nunca estén solos. Su integridad está en juego aquí.

Si el hermano está casado, siempre es una buena práctica saludar primero a su esposa. Intercambie saludos con ella y luego charle con el hermano. Usted debe incluir a la esposa en la conversación cuando ella está presente.

Los celos son tan crueles como la tumba, y si ella piensa que usted está interesada en su esposo... ay de usted. Recuerde que el éxito de su ministerio cuenta con que usted sea juiciosa en todos sus asuntos. Entonces, cuando se trate de todos los colegas ministros, vaya con mucho cuidado y su ministerio seguirá por el buen camino.

Mi Testimonio

Mi Llamado al Ministerio

Reverenda Deborah Burris
Pastora, Y Evangelista
35 años

Mi llamado no llegó a mí en un día sino en un proceso. Yo estaba sentada en un servicio de jóvenes cuando tenía quince años y sabía muy poco acerca de Dios. Me pidieron que preparara una palabra para la clase de jóvenes. Había leído mi Biblia y decidí hablar sobre compartir. Usé las escrituras en la Biblia donde dice si tienes dos capas dale una a tu hermano.

Cuando abrí mi Biblia y comencé a leer, sentí el poder de Dios sobre mí. Yo era una persona callada y no hablaba mucho frente a extraños. Sentí que algo me invadía ese día. Comencé a explicar la Palabra de Dios de una manera que nunca pensé que podía hacerlo.

Todos en la clase estaban atentos y no podían creer lo que escuchaban de mí y lo que sentían en ese lugar. Empezamos a llorar y el poder de Dios era tan fuerte allí. Aunque no seguí viviendo para Dios, nunca olvidé esa experiencia.

Cinco años después, me entregué por completo a Dios. Hacía solo unos meses que había regresado a la iglesia cuando un evangelista vino a mí y me dijo que Dios me estaba llamando a ser una ministra.

Poco tiempo después me pidieron una vez más que hablara en un servicio de jóvenes y volvió a suceder la misma experiencia que tuve cinco años antes. De esas dos experiencias supe que Dios me había llamado al ministerio.

El Señor me empezó a usar para hablar a los jóvenes. Yo solo tenía diecinueve años en ese momento. Durante cinco años hablé principalmente a jóvenes, pero en 1983, Dios me llevó a un ministerio más profundo.

En 1984 la iglesia a la que asistimos fue entregada a mi esposo y a mí. Durante los siguientes trece años estuve pastoreando, con la ayuda de mi esposo, en la Iglesia Faro Apostólico en Pounding Mill, Virginia.

Dios nos pasó de ser una pequeña iglesia en un edificio frente a una tienda, a comprar un terreno y construir una nueva iglesia, libre de deudas. Para entonces ya había pastoreado durante once años, pero los dos años siguientes fueron difíciles. La iglesia creció y ahora había ochenta y tres personas.

Durante ese tiempo, había algunos hombres de la comunidad que no creían en las mujeres predicadoras. Comencé a sentir la presión de parte de ellos para que yo renunciara.

Algunos predicadores nos confrontaron y dijeron que simplemente no era correcto que una mujer fuera una pastora. Al final resolví dejar que su influencia me convenciera de entregarle la pastorada a mi esposo, pero él no estaba llamado para ser el pastor.

Yo sabía que esa era únicamente la voluntad del hombre, pero no la de Dios. Tratamos de que funcionara. Sin embargo, comenzaron a surgir problemas y un gran espíritu de inquietud se instaló en mi alma. La tensión y el estrés eran tan inmensos que mi esposo finalmente decidió mudar a nuestra familia de siete miembros hacia el norte.

Mirando hacia atrás puedo ver que esos fueron años realmente difíciles. Después de un tiempo de respiro, el Señor comenzó a tratar conmigo para llevarme al campo evangelístico.

Durante once años viajé hablando por muchas iglesias y eventos de mujeres. Durante uno de esos años tuve una agenda muy ocupada y pasé doscientos sesenta y ocho días viajando esporádicamente.

En otras ocasiones, íbamos a las iglesias para ayudar a construir sus congregaciones. En retrospectiva, he aprendido muchas cosas a lo largo de los años en el ministerio, Dios ha sido muy bueno conmigo y mi ministerio ha crecido desde entonces.

Veintinueve años después continuo muy activa en el ministerio, predicando, enseñando y evangelizando. Mi corazón sigue muy interesado en alcanzar almas y en enseñar estudios bíblicos. En el 2001, el Señor me dio un mensaje: "¿Quién seguirá tus pasos?"

Fue en ese momento que el Señor me dio una carga para trabajar con mujeres jóvenes o mujeres nuevas en el ministerio. He ayudado entre veinticinco a treinta nuevos ministros, hombres y mujeres, a obtener un lugar para predicar.

A medida que los últimos días se acercan no hay tiempo para descansar ni para sentirnos agotadas. Debemos avanzar en nuestro llamado y seguir caminando mientras aún es de día, porque la noche llega cuando ningún hombre pueda trabajar.

¡Estoy feliz de haber contestado el llamado!

Capítulo Cinco

LA MUJER MINISTRA EN LA IGLESIA LOCAL

Permanezca el Amor Fraternal

INSEGURIDAD

Es importante que se sienta segura con usted misma, primero como persona, después como una hija de Dios, y luego como una nueva ministra, eso le ayudará a tratar con confianza a las personas en la iglesia. Necesita entender quién es usted en el Señor.

Las personas que tratan de hacerla sentir insignificante a menudo luchan con su propia autoestima. La inseguridad es generalmente causada por no saber quién es en el ministerio. Tenga claro el hecho de que usted es una mujer llamada por Dios, que busca hacer Su voluntad.

Pablo dijo, ***"Por la gracia de Dios soy lo que soy"*** (1 Corintios 15:10). No permita que el espíritu de intimidación o el espíritu de celos echen raíces y dominen su vida.

Es muy fácil mirar alrededor a otras mujeres predicadoras ya establecidas y compararse a usted misma con lo que ellas están haciendo en el ministerio. Si hace eso va a criticarse a usted misma por las cosas que no está haciendo.

Pablo nos advierte a no compararnos con otras personas porque eso no es sabio (2 Corintios 10:12), especialmente cuando nosotras miramos las habilidades que otras poseen y sus dones. Sí nosotras continuamos haciendo eso sin darnos cuenta nos deprimiremos y seremos tentadas a renunciar a nuestro llamado.

Si siente que no tiene el derecho a ser llamada por Dios eso causará cierta auto-intimidación. Decirse a usted misma que "no puede hacer eso" la pondrá en un lugar de estancamiento. El espíritu de temor provoca sentimientos de insuficiencia e indignidad. Nunca podrá ministrar eficazmente a alguien si no está libre de eso.

Otros no podrán recibir de usted la fuerza que ellos necesitan para crecer en Dios. Usted no les podrá dar lo que no tiene. Las personas no podrán tomar ánimo de usted si usted no se anima a sí misma. Usted debe tenerlo primero. Ellos no pueden darle más alta estima a usted que a su caminar con Dios.

El desánimo es una trampa del enemigo para NO permitirle entrar en la plenitud del llamado de Dios. Dios la hizo como Él quería hacerla. Necesita abrazar la gracia que está dentro de usted. Deje de querer ser diferente. Cambie aquellas cosas que puede cambiar en usted, y ore por el resto.

Tenga fe en que Dios la va a transformar en la ministra que Él quiere que usted sea. Resístase a ser una imitación. Sea única. Esculpa su propio camino. Cree su propio estilo. Trabaje en desarrollar su ministerio.

Sea valiente y trate, permítase fallar, está bien si usted no predica un gran mensaje. Sólo inténtelo otra vez, siga tratando. Manténgase trabajando en su llamado. No se rinda. Se necesita mucho valor y trabajo espiritual.

No es raro que una mujer predicadora novata practique sus mensajes con una amiga. Usted podría decir, "Eso es absurdo, yo no puedo hacer eso, ¿o sí puedo?"

El coro y las solistas practican ¿verdad? ¿Entonces por qué no deberíamos nosotras? Una dama mencionó que cuando ella era una jovencita les predicaba a las cabezas de lechuga del jardín, en el patio de atrás de su casa.

Muchas mujeres predicadoras cuentan que cuándo ellas eran niñas les predicaban a sus hermanos, niños del vecindario, compañeros en la escuela o a cualquiera que quisiera escucharlas.

Si usted practica va a construir más confianza para el momento adecuado. Sólo el hecho de practicar y leer su(s) mensaje(s) una y otra vez le ayudará para evitar las equivocaciones.

Abraham Lincoln dijo una vez, "Voy a estudiar y prepararme, y tal vez mi oportunidad llegue." Hablar en público es un arte que se aprende, y a veces toma años dominarlo.

NO ESTAS DEJADA FUERA

Sentirse segura y edificar su auto-confianza con otras nuevas mujeres ministras va a tomar tiempo. Cuando empiece a encontrarse con otras mujeres ministras se va a dar cuenta de que a muchas de ellas les gusta tomar excursiones por diversión y compañerismo.

Si oye que hay un grupo de ministras que van a ir a un viaje sin usted, no deje que su mente vuele con pensamientos negativos. No sienta que no la invitaron porque no la quieren. Sólo sea consciente de que algunas mujeres predicadoras se llevan mejor con algunas personas que con otras.

No deje que sus emociones la confundan. Sea paciente y ore para que Dios le dé a usted sus propias amigas en el ministerio. Tal vez usted puede animar a su nuevo grupo de amigas a hacer sus propias salidas. Con ellas usted se va a sentir más cómoda.

ATRAYENDO LA ATENCIÓN

No haga nada que atraiga la atención hacia usted. Una persona que lucha con "atraer la atención" está siendo virtualmente egocéntrica. Y sí, esto sucede en el ministerio también. Una mujer predicadora debería estar centrada en Cristo y ser respetuosa.

Evite ser una distracción en un servicio cuando alguien más este predicando. Esto no es un espectáculo de perros y caballos, es el negocio del Señor Jesús y el trabajo de Su Reino.

Una vez una mujer estaba predicando sobre recibir el Espíritu Santo y otra mujer ministra comenzó a ser una distracción tratando de ser chistosa.

La congregación estaba distraída, y la atención de ellos estaba dividida. Era difícil para la ministra hablar porque debía elevar su voz más alta que la otra persona, así que ella se quedó parada, tranquila en el púlpito por unos instantes, hasta que los chistes terminaron.

Cuando la persona dejó de actuar de esa manera desordenada, la mujer predicadora pausó por unos pocos minutos y pidió a la congregación que levantaran sus manos y dieran una alabanza al Señor para entonces enfocar su mente en Dios otra vez.

El ladrón irrespetuoso quería robarse la atención y así quitarle a la congregación la oportunidad de aprender sobre cómo recibir el Espíritu Santo. Dios no está satisfecho cuando alguien atrae la atención para sí mismo.

Antes de cada servicio en que usted predique siempre es una buena idea atar todo espíritu de distracción y confusión. Los bebés, especialmente, pueden causar un poco de distracción y revuelo con sus lloros y gritos. Cuando la gente llega tarde al servicio eso también puede ser una distracción.

Cuando una es nueva en el ministerio eso puede ser un poco desconcertante porque siente que la gente no está escuchando lo que usted está diciendo. Por eso, es un buen hábito atar aquellos espíritus no deseados antes del servicio.

Aquí están algunas cosas que puéde hacer si se le olvida atar esos espíritus antes y una interrupción ocurre en el servicio: Cuando esté predicando fuera de su iglesia local y alguien en la congregación comience a responder directamente sobre algo que usted dijo, solo asiente con la cabeza para dejar saber que escuchó.

Si la persona no se detiene, sostenga su mano alzada hacia ellos y dígale que puede hablar con usted sobre eso después del servicio. Si una persona está tratando de ser una distracción durante su mensaje y usted siente un espíritu maligno, deténgase ahí mismo, y pida a la iglesia que oren.

Una mujer ministra estaba predicando y un borracho llegó de la calle y se sentó en la banca del frente. Él estaba bien hasta que ella comenzó a predicar en contra del diablo y sus artimañas. El borracho se puso inquieto y agitado y empezó a gritar y decir cosas que no tenían sentido.

La mujer predicadora hizo que toda la congregación se pusiera de pie y alzara la voz con alabanzas a Dios. Eso funcionó, el borracho se puso de pie y se fue. Eso enfocó la atención de las personas hacia Dios otra vez, la congregación tomó asiento y la predicadora terminó su mensaje.

Si alguien de la congregación insiste en hablar con usted después del servicio, hágalo con un límite de cinco minutos. Dele la mano, déjele saber que está feliz de verle en el servicio, pero no permita que le quiten todo su tiempo.

Trate de salirse de la conversación con delicadeza. Nunca permita que una persona de la congregación hable con usted para contarle los problemas de la iglesia. Sea sabia, apártese de esa situación.

SARGENTO DEL EJÉRCITO

A nadie le gusta trabajar con un sargento del ejército; si usted tiene un ministerio o un trabajo que hacer en la iglesia resístase a ser una mandona. No tiene que intimidar a las personas para que la ayuden.

Use sus modales. Diga "por favor" y "gracias" a menudo. Trate a los demás como usted quiere ser tratada (la regla de oro). Sea rápida para oír, lenta para hablar (Santiago 1:19).

Nosotras las predicadoras somos conocidas por hablar mucho. Usted no quiere ser conocida como una charlatana. Deje que otros expongan sus ideas. Aprenda a hacer preguntas abiertas. No sea siempre la primera en hablar, pida la opinión de los demás.

Hágales sentir importantes. No quiere parecer una sabelotodo. Una manera de matar el espíritu de unidad es ser una dictadora. Puede estar segura de que nadie va a querer ser un voluntario cuando usted esté a cargo si se comporta así.

El trabajo del Reino no es el trabajo de una sola persona, pero es un esfuerzo en equipo. La benignidad y la mansedumbre son frutos del Espíritu Santo y la llevarán lejos.

Trate a las personas amablemente, especialmente entre los hermanos. No domine toda la conversión. Ponga atención a lo que ellos están diciendo. Trabaje para ser buena escuchando a otros. Trabajar en escuchando bien.

Tenemos que dejar que el Señor suavice las partes ásperas de nuestra personalidad para que así Él pueda brillar dentro de nosotras. Todo esto es parte del ministerio.

Mi Testimonio

Un Hombre o Una Mujer No Puede salvar Todo el Mundo

Reverenda Patricia Cook
Ministra, Pastora
30 años

Nunca olvidaré cuando el Señor me llamó. Otras personas sabían que yo tenía un llamado para predicar antes de que supiera. Un anciano de nuestra iglesia me compró un libro sobre las mujeres en la Biblia. Yo estaba confundida, no entendía por qué él hizo eso.

Él me dijo *"Vas a obtener muchas cosas buenas de este libro."* Leí sobre esas mujeres que trabajaron para Dios en la Biblia. Y él tenía razón, aprendí mucho de esas mujeres.

Después que escuché el llamado de Dios en mi vida fui con el anciano que me dio el libro y le dije, *"Usted sabía que yo tenía el llamado de parte de Dios para predicar ¿verdad?"* *"Sí, Dios me lo mostró"* dijo él, *"Yo sabía que tú solo estabas esperando en tu llamado."*

Poco después, mi pastor comenzó a usarme para predicar en los servicios en hogares de ancianos. Yo oré y le pedí a Dios que me permitiera alimentar a esas personas con Su Palabra. Yo quería cantar una canción de consuelo para ellos.

Dios empezó a usarme en el ministerio en hogares de ancianos. Entonces mi pastor empezó a usarme para dirigir los servicios, el ministerio de jóvenes, como directora del coro, y otras tareas.

Una noche mientras yo estaba dirigiendo el servicio, el Señor me habló y me dijo, *"Alimenta mis ovejas,"* yo luché con Dios porque yo ya tenía una buena pastora bien calificada. Así que yo respondí *"No Dios, ese es el trabajo de ella."*

El Señor me habló por segunda vez, *"Alimenta mis ovejas."* Discutí con Dios de nuevo y respondí *"Como puedo hacer eso, ya tenemos una buena pastora."* La tercera vez el Señor me habló, pero esta vez Él me dijo, *"Ella no puede salvar a todo el mundo."* Entonces me rendí y dije; *"Ok, Señor."*

El Señor me estaba preparando como una asistente bajo la autoridad de mi pastora durante todos los años que yo trabajé con ella. Él estaba preparándome para tomar su lugar. Poco después ella falleció y fue con el Señor a Su gloria. La primera cosa que el diablo me dijo fue que las personas no me iban a escuchar a mí como su nueva pastora.

Mi pastora había pastoreado a estas personas por mucho tiempo. Ellos estaban acostumbrados a ella, pero gracias a Jesús, ninguna persona dejó la iglesia después que yo tomé el lugar de pastora. Dios sabe lo que está haciendo. Así que mi amiga, no huya de su llamado ni trate de disuadir a Dios. Sólo obedezca.

¡Estoy feliz de haber contestado el llamado!

Capítulo Seis

EL HOGAR DE UNA MUJER MINISTRA

El Ministerio Empieza en el Hogar

UNA EPÍSTOLA VIVIENTE

El corazón de su ministerio empieza en su hogar. Una nueva ministra debe tener su casa en orden primero antes de salir a predicar. Muchas de las mujeres a quien Dios está llamando a entrar en el ministerio son casadas y tienen hijos.

El hogar de una mujer ministra debe ser un lugar de paz y orden, pero esto no significa que todo debe ser perfecto, porque Jesús dijo que en esta vida vamos a tener aflicción.

El mundo nos está mirando y si nosotras no podemos ser un ejemplo en el hogar entonces ¿cómo podemos pedirle a la gente que nos siga mientras nosotras seguimos al Señor y tratamos de traerlos a Su Reino?

Pablo dijo que somos una Epístola viviente que todos los hombres pueden leer (2 Corintios 3: 2). La gente no solamente escucha nuestra predica, pero ellos miran nuestra vida para ver si nosotras practicamos lo que predicamos.

TRABAJANDO JUNTOS EN EL MINISTERIO

Si usted y su esposo están planeando trabajar juntos en el ministerio necesitan hablar sobre los detalles primero, antes de aventurarse al ministerio. Es esencial hablar de los detalles.

Necesitan poner pautas y estar de acuerdo en los planes. La unidad los llevará lejos. Esto incluye el que usted esté dispuesta a compartir el púlpito con su esposo.

Si ustedes dos están de acuerdo y trabajan juntos, la iglesia va a seguir su ejemplo. Los conflictos causan desunión y detienen el fluir de Dios. Si luchan entre ustedes sobre quién va a predicar, cantar, recibir la ofrenda, o bautizar a las personas, la congregación va a sentir la fricción y se van a resistir al liderazgo de ustedes.

La simple comunicación y el mantener las cosas claras entre ustedes evitará malos entendidos. Nunca utilice el púlpito para resolver los desacuerdos entre ustedes, haga eso en privado.

Siempre debe estimar a su esposo como la cabeza de su hogar. Cuando están en la iglesia se vuelven compañeros de trabajo, como hermano y hermana en el Señor.

Aunque Pablo dijo que no hay ni hombre, ni mujer en Cristo (Gálatas 3:28), eso no significa que usted no debe respetar la posición de su esposo.

Necesita darle siempre el honor a él en público y trabajar como un equipo por el bien de la Cruz. Nunca le falte al respeto o sea cortante con el frente a la gente. Siempre mantenga en su mente la historia de la reina Vasti y lo que ella hizo que causó el final de su vida real (Ester 1:17).

Cuando esté detrás del púlpito debe darle honor a su esposo, no solamente como la cabeza de su hogar, pero también como un hombre dedicado a Dios. Necesita hacerlo sentir valorado y respetado.

Es apropiado decir que él es el amor de su vida, "el hombre de su vida", o como sea que lo diga. También es adecuado contar una historia rápida y divertida sobre ustedes dos. Esto ayuda a que la audiencia se sienta bien. A ellos les gusta saber que ustedes dos están de acuerdo y disfrutan trabajar juntos para el Señor.

Esto beneficiará su ministerio e incrementará el respeto de la iglesia hacia usted. Obtendrá su admiración por someterse a la autoridad.

Nunca deje de decirle a su esposo en público qué gran bendición él es en su vida. Él debería saber que usted le ama y le aprecia. Siempre mencione que es un honor trabajar juntos en el ministerio. Su ejemplo podría estimular a otras parejas a trabajar juntos.

¡Nunca intimide a su esposo ni le hable con insultos...ay de usted si lo hace! A menos que usted quiera destruir su ministerio rápidamente.

Humillar a su esposo sería el peor error que usted podría cometer. Eso manchará su nombre por un largo tiempo.

Aunque eso parece inaudito, ha habido casos de mujeres que neciamente permitieron que palabras vanas salieran de su boca. Gracias a Dios que Él les dejó ver que estaban cometiendo un gran error.

Ese tipo de comportamiento no solamente da un mal ejemplo a la iglesia de cómo una esposa debe tratar a su esposo, sino que también daña la reputación de todas las mujeres ministras.

Así que tenga en mente que si no es cuidadosa con sus palabras estará poniendo en peligro el ministerio de todas nosotras. Por el mal comportamiento de Vasti los hombres en la corte real sospechaban de todas las mujeres (Ester 1: 17-18).

La mayoría de los equipos de predicadores entre esposo y esposa saben cómo fluir en el Espíritu Santo y trabajan juntos eficazmente.

Uno exhorta mientras el otro expone y tienen casi las mismas notas para sus mensajes. Los beneficios son abundantes. Entre ustedes pueden motivarse el uno al otro para mejorar la manera de predicar, para utilizar más historias divertidas o citas.

Pueden desafiarse entre ustedes a encontrar mejores ilustraciones o provocarse a investigar temas significativos. Pueden compartir notas o historias... e incluso uno puede predicar el mensaje del otro. La bendición está en que se apoyen entre ustedes.

Ministrar juntos exitosamente es el resultado de un fuerte esfuerzo en equipo. La mejor parte es que se pueden ayudar el uno al otro para cerrar el mensaje o dar el llamado al altar.

Dios es glorificado mediante matrimonios que han aprendido a completarse el uno al otro, y no a competir el uno contra el otro. Una vez que dominan algunas técnicas, el trabajar en el ministerio con el compañero que Dios le ha dado para toda la vida se convierte en algo muy gratificante.

ESPOSO SALVO, PERO NO ESTÁ EN EL MINISTERIO

Solo porque su esposo no es un ministro no significa que él no tiene valor en el Reino de Dios. El hecho de que él no tenga el llamado de parte de Dios para predicar o enseñar no significa nada. Él tiene tanta importancia como usted.

Se necesita una mujer cristiana muy madura para hacerlo sentir seguro en el Señor, especialmente cuando él está en la iglesia. Lo más probable es que el esté muy orgulloso de usted y le encante apoyarla.

Eso solo sucederá cuando usted lo respete a él primero como su esposo, el cual es la cabeza de su hogar. Respetar la posición que él tiene en Dios va a hacerle sentir bien con él mismo. Debe evitar hacerle sentir que su masculinidad está en peligro.

<u>**Una Pastora dijo esto sobre su marido**</u>, *"Mi esposo no tenía un llamado en su vida para predicar. Pero cuando le dije que Dios me estaba llamando a mí a predicar el evangelio, él nunca se interpuso en mi camino. Tampoco se quejó ni una vez.*

Él fue de gran ayuda a través de los años para alcanzar almas. Él iba por los vecindarios tocando puertas e invitando personas a la iglesia. Nunca tuve problemas con él en mi trabajo para Dios.

Él sí tenía un ministerio y era el de alcanzar almas. El que gana almas es sabio. Uno de los mayores llamados que Dios pone sobre nosotros es a testificar sobre el Espíritu Santo y el bautismo en el nombre de Jesús.

Siento que el esposo de cada mujer que tiene un llamado a predicar va a notar ese llamado en ella. Esa mujer necesita hacerlo sentir a él que también es parte del ministerio, el ministerio es de ambos. Porque ellos son uno.

No tenga temor de incluirlo como parte de su ministerio. A los hombres les gusta sentir que son necesarios, incluso si ellos no tienen el llamado a predicar. Pídale su opinión cuando esté preparando sus mensajes. Sentirse incluido es muy importante para un hombre."

Muchas de las mujeres predicadoras han tenido la bendición del apoyo de su esposo... generalmente él es su mayor admirador. Pero todo depende de la manera en cómo ella maneje la situación.

Es importante que ella no lo haga sentir insignificante o menos que ella sólo porque él no tiene un llamado a predicar. Ella debería hacer todo esfuerzo posible para incluirlo en el proceso.

Cuando la inviten a predicar en una iglesia pídale a su esposo que vaya con usted. Pregúntele su opinión sobre ir a predicar a esa iglesia en particular.

Manténgalo al tanto de lo que está pasando. Incluso podría pedirle a él su opinión sobre el mensaje que usted va a predicar.

Estas son recomendaciones sabias para la nueva mujer ministra. No tendrá que hacer estas cosas siempre, solo mientras su esposo se está acostumbrado a la idea de que usted predique fuera de la iglesia local.

Nosotras las mujeres, como mamás, sabemos lo difícil que es cumplir nuestros roles ordenadamente, en un momento estamos cuidando los niños, asegurándonos de que están dónde necesitan estar, haciendo lo que se supone que deben estar haciendo, pero también debemos ser esposas llenas de amor y gracia.

Su esposo repentinamente entra en la habitación donde usted está, ahora usted necesita cambiar de rol y poner una cara contenta y tratar de mantener en su mente que su esposo no es uno de los niños. Evite tratarlo a él como a un empleado de un restaurante y abrumarlo con sus órdenes.

Trate de recordar ser amable y exprese sus palabras de otro modo. Aprenda a pedir con amabilidad, no sólo le dé órdenes. Esto toma mucha práctica, es complicado, pero Dios nos ayudará a todas las que estamos casadas a lograr esta meta.

Mientras usted crece en el ministerio necesita aprender a ser lo más diplomática y paciente que pueda con su esposo. Permítale ser lo que Dios desea para él. No trate de convertirlo en algo que él no es. No ponga un llamado sobre él cuando él no ha sido llamado. *Dios no lo permita.*

Si él no está en el ministerio probablemente no va a entender algunos problemas ministeriales que vienen con el trabajo. Use sabiduría y no comparta con él las dificultades, los problemas y los retos de ser una pastora o ministra. No es que usted no quiera compartir con él, es porque esa podría ser una carga muy pesada para él espiritualmente.

Tal vez él no predica, pero podría ayudar con el sonido en la iglesia, si entiende de eso. Tal vez a él no le agrade la idea de enseñar estudios Bíblicos a las personas, pero qué bendición sería si él puede ayudarle a construir un lugar para hacer las reuniones.

Quizás él no quiera pararse en la plataforma en frente de todos, pero tal vez él tiene conocimiento sobre la calefacción y el sistema de aire acondicionado o sabe cómo arreglar la plomería y prefiere ayudar con esos asuntos.

Hay muchas maneras en las que usted puede involucrar a su esposo y así no dejarlo por fuera para que él no sienta que no es importante. Él querrá verla tener éxito en el ministerio tanto como usted lo desea. Trátelo de la manera correcta y usted va a recoger los beneficios de tener su apoyo.

MI ESPOSO MURIÓ, Y AHORA SOY LA PASTORA

¿Qué hace una mujer ministra cuando ella ha trabajado fielmente para el Señor al lado de su esposo e inesperadamente él muere? Algunas mujeres sabían ya a una edad muy temprana que estaban llamadas a ser ministras.

En lo profundo ellas sabían que un día tendrían que responder el llamado a predicar, pero no sabían cómo eso iba a pasar. Esas mujeres crecieron, se casaron, tuvieron hijos, y poco tiempo después vieron a sus esposos aceptar el llamado a pastorear una iglesia.

Pero para su desgracia el esposo enfermó y murió. ¿Ahora ellas enfrentan un dilema aplastante, deben entregar la iglesia para que alguien más se haga cargo o deben ellas automáticamente asumir la pastorada?

Esa es una decisión que se debería tomar solo cuando ya haya pasado un tiempo después de la muerte del pastor. Mientras la situación es diferente con cada mujer, y cada iglesia tiene su propia personalidad, esa decisión debería ser tomada solamente después de mucha oración y ayuno.

Dios dirigirá a la mujer ministra, esposa del pastor, para saber qué es lo correcto. Lo ideal sería que el pastor haya dejado eso claro en un documento por escrito indicando sus deseos; sin embargo, algunas muertes suceden inesperadamente.

Es sabio no tomar una decisión rápida, se debe esperar un tiempo para buscar lo que el Señor quiere que haga. Los traspasos más exitosos son cuando el pastor entrega la iglesia a otro pastor, a quien la congregación está acostumbrada a ver y ellos le apoyan.

La crisis llega cuando el pastor no pudo preparar a alguien para que se hiciera cargo de la iglesia. Las personas se acostumbran a verlo solamente a él [el pastor] y no a un asistente o a otro miembro que es líder.

Muchos predicadores han llegado y han tomado una iglesia con éxito, pero eso no sucede sin un largo período de ajuste...y eso, a algunos nuevos pastores, les ha tomado años lograrlo.

Si la gente de la iglesia está acostumbrada a ver a un asistente cerca del pastor, al tiempo de su muerte cuando el asistente tome el timón, eso sucederá casi automáticamente y sin ninguna oposición.

Usted no quiere asumir la pastorada con rapidez, tampoco espontáneamente entregárselo a alguien a quien usted en verdad no conoce. Por lo tanto, el factor decisivo depende del llamado individual de parte de Dios en la vida de esta mujer.

Si ella no estaba creada para esa tarea eso podría traer resultados devastadores a todos los involucrados. Las personas sabrán que ella no estaba "llamada a pastorear" y se irán.

Ha habido instancias donde la esposa del pastor debió quedar a cargo como la pastora de la iglesia, pero a causa de la fuerte oposición eso no fue posible.

Por otra parte, ha habido esposas de pastores con un llamado a ministrar y ellas bien podrían haber sido nombradas la pastora de su iglesia, pero en lugar de aceptar la oportunidad se sintieron demasiado intimidadas como para hacerlo.

Luego, con el tiempo, ellas se dieron cuenta de que cometieron un error en dejar ir la voluntad de Dios. El dejar ir la voluntad de Dios es una cosa muy dura de superar. Es por eso qué es imperativo para cualquier mujer en esta situación considerar cuidadosamente todos los ángulos.

Generalmente, si es la voluntad de Dios que la esposa del pastor sea la nueva pastora, el pastor la habrá entrenado y preparado a ella mucho antes de que llegara el momento del cambio. En el caso de cierta mujer, después de que su esposo-pastor murió, todo parecía caer en su lugar, la sorprendió mucho a ella que la transición fuera tan fácil.

La iglesia la apoyaba totalmente. Pero aun así ella no dijo nada, no se ofreció para la posición, lo mantuvo en su corazón. Entonces Dios le abrió la puerta.

Ella recuerda que los hombres de su iglesia le preguntaron un día (más bien le dijeron) que ella ocuparía la pastorada si su esposo no sobrevivía al cáncer que padecía. Sucedió que él murió y ella tomó la pastorada de la iglesia.

Cualquier mujer ministra en esta situación debe buscar la voluntad de Dios. Ella debe resistirse a todas las presiones que la empujan a actuar de una manera o de otra. Una debe saber con certeza cuál es la voluntad de Dios para la iglesia — eso es lo más importante.

Sin duda hay instancias donde la voluntad de Dios es que la mujer tome la pastorada, sin embargo, viene oposición de parte del adversario y causa un gran fiasco.

En ese caso ella debe pararse firme en lo que el Señor quiere que ella haga sin importar lo qué otros puedan decir. Las almas de la iglesia están en juego y usted corre el riesgo de perderlos a todos.

Una mujer ministra se lamentaba de que no fue la muerte si no un divorcio lo que causó que su esposo-pastor dejara la iglesia. Ella estaba en agonía en ese momento, ¿que debía hacer? Ella amaba a las personas de su iglesia y ellos le aconsejaron que fuera y buscara a su esposo y lo trajera de regreso a la iglesia. (Después ella se dio cuenta de que esa no era la voluntad de Dios.)

Ella le entregó la iglesia a alguien a quien las personas no conocían bien y quien de verdad no tenía un corazón lleno de amor por ellos. Al poco tiempo las personas dejaron de congregarse y la iglesia cerró.

En el caso de otra mujer, la iglesia insistió en que la esposa se convirtiera en la pastora, aunque ella no era una ministra. Ella tuvo que dejar que los hermanos predicaran más que ella y tuvo que aprender con rapidez mientras ella servía como pastora.

La gente creyó en sus habilidades y le dieron espacio para que, por la gracia de Dios, ella se desarrollara... ella estaba sometida a un entrenamiento sobrenatural al mismo tiempo que se desempeñaba como pastora.

El trabajo de la iglesia era simplemente tenerle paciencia mientras ella maduraba y se convertía en la pastora adecuada para ellos. Ella comenzó a prosperar y fue de gran bendición.

Usted, como una mujer que acaba de enviudar, debe buscar la sanidad para su pérdida. No es bueno cargar con el dolor durante años. Los esposos de algunas mujeres murieron hace 15-20 años atrás, pero ellas todavía no los han enterrado.

La angustia, o el duelo sin resolver, es un peso que puede derrumbarla y ser una piedra de tropiezo en su ministerio. Otras mujeres ministras viudas se han permitido tener un tiempo de duelo, lidiaron con el dolor y luego avanzaron en su ministerio. Ellas tomaron la pastorada y son muy exitosas.

Una mujer pastora dijo, *"Cuando él [su marido] falleció, yo reprendí la horrible angustia que sentía después de dos noches sin dormir. Yo dije, 'Dios yo no puedo vivir mi vida así.' Y sucedió algo increíble… ¡El dolor intenso se fue!*

Las personas me decían que yo era una mujer muy fuerte porque yo les consolaba a ellos en el funeral. Pero no era yo, era el poder y la autoridad que tenemos en el Nombre de Jesús sobre el dolor.

Yo nunca le dejé ver a la iglesia mis emociones rotas. Me mantuve fuerte para ellos, pero cuando estaba en mi casa, ahí lloraba y hablaba con Dios a solas.

Un día yo le dije a Dios que necesitaba a mi esposo. En un tono amoroso el Señor me respondió; 'Pero me tienes a mí.' Mi actitud y visión cambiaron totalmente ese día. Cada vez que tenía problemas yo le decía, 'OK Señor, no tengo esposo, ¿qué puedo hacer en esta situación? Yo necesito que te mueves en mi lugar.' ¡Y Él lo hacía!"

Si usted, mujer ministra, está viviendo su vida en un estado de viudez, usted está libre para casarse de nuevo…si es que Dios la lleva en esa dirección. Pero nunca se vuelva a casar sin saber que ésta es la perfecta voluntad de Dios para su vida.

Algunas mujeres predicadoras prefieren ser como Ana en el templo. Pero todo depende en el deseo de la persona, la voluntad de Dios, y la personalidad de la Iglesia.

Algunas iglesias podrían adaptarse a ver a su pastora casarse de nuevo, otras iglesias no. Una nunca debería utilizar el matrimonio como un chivo expiatorio para la soledad que siente.

El que ella vuelva a casarse será un importante cambio en el estilo de vida para las personas involucradas, y muchos de ellos están en la iglesia. El trabajo que toma adaptarse a una nueva relación podría opacar el trabajo del ministerio.

La iglesia podría sufrir por eso. Usted odiaría deshacer todo el trabajo que se ha hecho para el Señor. Ore y Dios la dirigirá.

LA MUJER MINISTRA Y SU ESPOSO INCONVERSO

La mujer que tiene un esposo que no ha sido salvo aun y siente el llamado a predicar podría preguntarse si en verdad ella debería servir en el ministerio. Su prioridad debería ser obedecer la voluntad de Dios. Ella debe ser obediente al llamado en su vida.

El hecho de que su esposo no está salvo no es ninguna sorpresa para Dios. Él sabía que ella estaría en esa situación mucho antes de que ella naciera. Si Dios la llamó, Él la va a preparar. El estado marital de ella no tiene nada que ver cuando Dios escoge a quien Él va a usar.

La mujer que tiene el llamado reciente necesita ser paciente y cubrir el problema con oración y ayuno. Ella necesita sacrificar su tiempo esperando en el Señor, Él va a hacer el trabajo y le abrirá las puertas.

Ella tiene dos responsabilidades: una con Dios y la otra con su esposo inconverso. Dios es primero y entonces su esposo es segundo. Sin embargo, ganar el alma de su esposo debe ser su principal prioridad en la lista. Ella debe permitir que Dios le revele a su esposo que ella tiene un llamado de parte Dios.

La mejor cosa que ella necesita hacer eses amar ese hombre como el día ella primero casado él; porque la Biblia instruye nos para superar mal con bueno [esta incluye un montón de amor] (Romanos 12:21).

Si ella va ganar su alma para el Señor, ella debe ser agradable a él en la casa. Ella debe ser obediente a él, servirlo, reverencia él, ama a él (Ef. 5: 22-24, 33 y 1 Pedro 3: 1-6; Biblia Amplificada). Ella necesita trabajar en armonía con él como un hombre y una esposa.

Necesita alagarlo a menudo y no hablarle de mala manera porque ella camina con Dios y él no. Ella lo ganará con su amor y respeto. El amor que ella tiene hacia él debe ser un amor como el amor de Dios.

Dios nos ama a todos, y Él ama a ese esposo inconverso tanto como Él la ama a ella. Así que es muy importante que ella siempre recuerde que él es un "alma" y aun cuando ella obedece el llamado a predicar, no debe descuidar a su esposo.

Su amor lo ganará eventualmente. Y si no, Dios hará un camino para que ella continúe con su llamado con la aprobación de su esposo.

Una mujer pastora, cuyo esposo era inconverso, recuerda cuando ella le contó a su esposo sobre el llamado de Dios en la vida de ella. Él simplemente le dijo, *"Adelante, sirve a Dios... yo no puedo luchar con tu Dios."*

Dios hizo un camino para ella, y a su tiempo, ella tuvo la aprobación de su esposo. Eso fue verdaderamente un milagro porque él era un ateo en ese tiempo. Ahora ella está pastoreando una iglesia en crecimiento.

Cuando una mujer comienza a sentir que el Señor está tratando con ella sobre el ministerio, ella puede automáticamente sentir temor sobre lo que su esposo inconverso podría decir. Ella no debe tirar un montón de retórica espiritual sobre él y esperar que él entienda las cosas de Dios.

Debe esperar el tiempo perfecto para romper el hielo y ayudarle a él a entender lo que ella está sintiendo. De otra manera él podría pensar que ella está loca y que ahora querrá afeitarse la cabeza y unirse a un monasterio.

La mayoría de los pecadores no son sensibles a las cosas de Dios; recuerde que ellos todavía no han "nacido del Espíritu" para que puedan comprender lo que usted está diciendo.

Una mujer predicadora comenzó a introducir la idea del ministerio despacio a su esposo. Ella compartía de a poco con las cosas acerca de Dios y lo feliz que esas cosas la hacían. Ella siempre esperó el tiempo correcto—no cuando él estaba cansado después de un largo día de trabajo, ni tampoco cuando había mucha tensión en el hogar.

Ella no quería que las cosas que le iba decir acerca de Dios y su llamado fueran atadas por la tensión alrededor de ellos. La sabiduría le decía que esperara el momento cuando ellos estuvieran hablando de una manera casual, tranquilos, disfrutando la compañía el uno del otro.

Ella le hacía comentarios en sus conversaciones dejándole saber que estaba muy contenta de que el Señor la haya llamado a ella. Le decía a él que por medio de Su llamado Dios la estaba convirtiendo en una mejor esposa y madre.

Cuando ella le hablaba del tema de esta manera, él se sentía contento de haberle dado su aprobación (aunque en verdad era Dios que la estaba llamando), el esposo sentía como que él tenía parte en algo que era bien importante para ella. Él estaba contento de complacerla.

El saber que ella se acercó a su esposo de una manera pacífica la ayudó a sentirse más tranquila con su ministerio. Allí no había una batalla entre las voluntades. Ella se acercó a él delicadamente y él le dio la luz verde a ella. Fue una situación de victoria para ambos lados.

La clave está en esperar "el tiempo" indicado. Usted no quiere solo lanzar ese asunto en la cara de su esposo para que él se ponga a la defensiva. Solo menciónelo cuando el tiempo sea correcto.

Usted va a tener que hacerlo gradualmente hasta que él entienda completamente. Cuéntele qué significa "el llamado de Dios" y simplemente explíquele, usted podría decirle; *"Amor, voy a trabajar en el ministerio con tu ayuda y con la ayuda de Dios, para cumplir con el llamado de Dios en mi vida."*

Es mejor ser honesta e ir de frente con él, pero hacerlo de buena manera para que él no se sienta amenazado. Trate de no utilizar un lenguaje complicado de iglesia, si no palabras sencillas. Explíquele que su corazón se siente inclinado a ayudar a las personas.

Cuéntele que usted quiere enseñar a otros a como amar al Señor y a estudiar la Biblia. Esto es solo un ejemplo de cómo decirlo de una manera sencilla.

Explíquele que básicamente muchas ministras nuevas tienen que empezar desde abajo. Eso involucra enseñar en la escuela dominical, evangelizar en hogares de ancianos o enseñar estudios bíblicos en las casas. Estos son ejemplos que él puede entender.

Otra mujer pastora decidió que era tiempo de actuar y comenzar una nueva iglesia así que ella involucró a su esposo inconverso. Ya que él había hecho un trabajo maravilloso en la construcción de su casa ella le preguntó, *"¿Cariño, podrías ayudar a construir el altar (plataforma)?"*

Él lo hizo. Entonces ella le preguntó, "Amor, por favor podrías hacer el trabajo de acabado, yo de verdad necesito tu ayuda." (Él probablemente pensaba cómo podría decirle que no a ella) Ella preguntó de nuevo, "¿Puedes trabajar conmigo en la iglesia en las tardes?" Eso lo hizo sentir contento, él podría utilizar las habilidades que tenía para ayudarla a ella a construir una nueva obra de Misiones.

Ahora que el trabajo de construcción ya está terminado, la mujer pastora siente que hay una parte de su esposo inconverso en la iglesia. Ella no lo rechazó solo porque él era un "pecador", por el contrario, ella lo involucró a él en el proceso.

Cada vez que él llegaba a los servicios especiales, es decir Pascua, Día de Los Padres, y Navidad, ella siempre lo elogiaba a él en frente de todos. Ella era específica en decir que no estarían allí, en esa iglesia recién construida, si no fuera por su amoroso esposo.

Ella siempre menciona que él fue un grande parte de ella contestando el llamado y haciendo una decisión a responder y comenzando una Iglesia. Ella da gracias a él abiertamente para el trabajo que él hizo en el edificio de la iglesia.

Ella siempre mencionaba que él tuvo mucho que ver en que ella contestara el llamado y tomara la decisión de comenzar una iglesia. Ella siempre le daba las gracias a él públicamente por el trabajo que había hecho en el edificio de la iglesia. Ella siempre recuerda que una parte de su esposo está ahí, en esa iglesia... y tal vez él solo lo hizo para agradar a su esposa.

Si ella no lo hubiera tratado a él con respeto y amabilidad ella no habría logrado que él diera el paso de ayudarla en su ministerio. Así que eso nos enseña que los esposos inconversos también pueden ser usados en la obra de Dios.

COMPROMISOS PARA PREDICAR FUERA DE LA CIUDAD

Cuando una mujer ministra es invitada para ir a predicar en una iglesia fuera de la ciudad y ella tendrá que estar lejos del hogar por unos días, siempre es importante y apropiado primero consultar con su esposo inconverso para ver si él tiene otros planes. Preguntarle a él que piensa es una muestra de respeto.

En general, siempre es bueno darse permiso el uno al otro para ir a hacer las actividades que cada uno disfruta hacer por su lado. Predicar fuera de la iglesia local podría ser la actividad que usted disfruta hacer.

Si tiene la oportunidad de escoger la fecha para ir a predicar deje que su esposo sea parte de la decisión. Trabaje de acuerdo a los horarios de su esposo, sus salidas o actividades recreativas.

No quiere que él piense que usted lo está descuidando a él o haciéndolo a un lado. Cada matrimonio saludable hace el tiempo para estar solos los dos y disfrutar un poco de tiempo juntos. Esa es una manera para conectar y compartir su corazón.

No lo vea a él como una distracción o como un impedimento para ir a predicar fuera de la ciudad. Inclúyalo a él en el proceso de lo que Dios está haciendo con usted.

Necesita invitarlo a los servicios especiales; tal vez él vaya al servicio sólo para escucharla predicar a usted.

Si necesita hacer algún tipo de preparación en el lugar donde será la reunión, pídale a él si quiere ayudarla. Siempre hágale sentir que usted lo necesita. Así es como usted puede ganar su alma.

Su esposo es una parte esencial para el progreso de su ministerio y una parte fundamental para el proceso de Dios.

UNA SEÑORA MINISTRA CON UN MARIDO QUE NO ES SALVADO

¿Debería una mujer con un esposo inconverso tratar de obtener su licencia para predicar? Hablamos de una mujer que ha estado ministrando en las clases de jóvenes, en servicios en hogares de ancianos o enseñando estudios bíblicos y siente de parte de Dios que debe ir ante la junta directiva para obtener su licencia.

Incluso aunque ella sienta un poco de vergüenza por las cosas que su esposo hace en casa (alcohol, televisión, apuestas o fumar), si Dios está tratando con ella para que lo haga entonces ella debería iniciar el proceso para conseguir su licencia. Su pastor probablemente entiende la lucha y sabe cómo ella se está esforzando para vivir para el Señor.

Una mujer ministra estaba orando para conseguir su licencia, sin embargo, ella estaba un poco preocupada porque su esposo era un hombre inconverso. Ella le dijo al Señor; *"Señor, si realmente tú me estás hablando, entonces háblale a mi esposo acerca de eso, así voy a saber que tú me estás hablando a mí."*

Poco después de eso, su esposo le dijo que ella necesitaba ir a pedir su licencia y que, si los hermanos querían hablar con él, él estaría sentado en casa a un lado del teléfono. Ella quedó en shock por lo que él dijo y supo que la mano de Dios estaba en eso.

Eso fue un verdadero milagro. Llegó el día en que ella se reunió con la mesa directiva. Ellos sabían que, en su casa, con un esposo inconverso, probablemente había cosas que no eran apropiadas para ella como mujer predicadora.

Pero, en el caso de esta mujer, el esposo todavía era la cabeza del hogar y ella no podía simplemente tirar sus cigarrillos y el alcohol por la puerta. Ella tiene la elección de sentarse a mirar la televisión con él o no, porque sí tiene el completo control de lo que ella pone ante sus ojos.

Sin embargo, la sabiduría le dejará saber si ella debe mostrarle respeto a él sentándose por diez minutos en el sofá con él. Cuando la oportunidad se presente, ella entonces puede excusarse y salir de la sala.

Tenga en mente que cada vez que su esposo la vea viviendo una vida cristiana en su hogar usted estará fortaleciendo las posibilidades de que él también se entregue al Señor.

Usted estará testificándole sin estar encima de él por no asistir a la iglesia. Sólo viva la vida cristiana en frente de él; no lo presione, solo ámelo e invítelo a los servicios especiales cada vez que tenga la oportunidad.

Mientras usted crece en el ministerio no esté ansiosa porque su esposo todavía no viene al Señor. Manténgase aferrada a su fe en Dios. Haga el trabajo del Señor y Él Señor hará Su trabajo también.

Sin duda, una mujer, va a experimentar momentos de angustia y soledad en el ministerio. Ella desearía que su esposo estuviera sirviendo a su lado. Eso es normal. El sentirse como una soltera espiritual es probablemente la cruz más grande de cargar y una de las cosas más duras con la cual lidiar.

Llega el momento en la vida de una mujer ministra en que ella debe aceptar el hecho de que su esposo es un hombre inconverso. Usted necesita orar por su esposo (no se moleste con él), y ore por usted también, para que Dios llene el vacío que hay en su corazón.

Ore para que el Señor coloque amor en ese espacio vacío donde usted se siente tan sola. Permanezca ocupada trabajando en el Reino de Dios. Sea agradecida de que puede continuar en el ministerio con la aprobación de su esposo.

Y sepa que un día verá sus oraciones contestadas. Tiene que tener fe en que Dios va a mover esa montaña y va a alcanzar a su esposo.

La mejor cosa que puede hacer por ella misma una mujer predicadora que tiene un esposo que no se congrega es encontrar una buena mentora. Ella será un ancla para usted y puede ayudarla en el proceso cuando usted tenga sentimientos de soledad y, por momentos, dude de Dios.

Necesita obtener consejo espiritual que sea refrescante. Esta mentora será un tremendo apoyo. El Rey Salomón estaba en lo correcto cuando dijo: ***"El ungüento y el perfume alegran el corazón, Y el cordial consejo del amigo, al hombre"*** (Pro. 27: 9). Ánimo mujer ministra, Dios va a hacer un camino y va a restaurar sus fuerzas.

Mi Testimonio

Dios me Llamó, una muchacha tímida, a Predicar

Reverenda Clara Cote
Ministra, Pastora 25 Años

Yo nací y crecí en un hogar cristiano en Columbus, Ohio. Tengo hermosos recuerdos de cuando éramos niños, riendo y jugando a los indios y vaqueros. Nosotros cambiábamos de juego, pasábamos de ser vaqueros e indios a estar varados en una isla desierta sin ninguna manera de salir de ahí.

Entonces mis hermanos pequeños y yo jugábamos a la "iglesia". Yo siempre era la predicadora e intentaba hacer que usaran corbata. Ellos no querían y yo los pellizcaba por mal comportamiento, pero el castigo nunca funcionaba.

Nos congregábamos en la Iglesia Calvario Apostólico, pastoreada por el Reverendo George Chambers. El 10 de agosto de 1969, mientras visitaba a mi cuñado y hermana (Reverendo Mitchell y Susan

Thompson), recibí el Espíritu Santo en el Campamento de Galilea, en Minnesota.

Regresé a casa como una nueva persona y comencé a buscar un trabajo; aunque yo solamente tenía 14 años de edad. Empecé a pagar diezmos de los pequeños trabajos que obtenía.

Por esos días se recaudaba la ofrenda Promesas de Fe y yo me comprometí a dar $5.00 cada mes. Eso era bastante dinero en ese tiempo. Poco después conseguí un trabajo de tiempo completo y empecé a ahorrar mayores cantidades de dinero.

Sentía en mi corazón que debía ir a un Colegio Bíblico. La cosa más emocionante al haberme graduado de la preparatoria, en 1973, fue ir al Instituto Bíblico Apostólico en el otoño, en St. Paul, Minnesota.

Empaqué mis cosas rápidamente, entre ellas mi nueva Biblia de estudio Thompson y mi grabadora Panasonic, para capturar toda la información acerca de la Palabra de Dios. Llevé conmigo mi edredón favorito, hecho por mi madre, y una cobija de mi padre que él utilizó cuando estaba en el campo de batalla durante la segunda guerra mundial.

Mi padre y madre (Robert y Virginia Cline) eran unos padres maravillosos. Todavía puedo oírlos orando juntos en la noche. Mi padre me dijo en nuestro último adiós, *"Clara, no te gradúes del Colegio Bíblico y regreses a casa para sentarte en la banca de la iglesia, quiero que hagas grandes cosas para Dios."*

Esas palabras de sabiduría resonaron en mi corazón, y el amor de Dios ardía en mi alma, yo estaba bien emocionada sobre aprender más de la Palabra de Dios.

Les dije "adiós" con abrazos, besos, y un "te amo", y corrí a familiarizarme con los otros estudiantes. Desde que era una niña siempre tuve mucho respeto y amor en mi corazón por las autoridades, (mis padres), que Dios puso en mi vida.

Mientras estudiaba en el Instituto Bíblico Apostólico (IBA), me puse a disposición de las autoridades que Dios había colocado en mi vida. Yo quería ayudar donde fuera que me necesitaran y ganar almas mientras estaba allí. Tenía el hábito de ir a la iglesia cada vez que las puertas estaban abiertas. A veces era difícil ir al trabajo, ir a la escuela, y hacer espacio para estudiar y participar de los evangelismos.

Tuve la oportunidad de ayudar en el ministerio de ancianos mientras continuaba siendo fiel en todas las otras áreas de mi nueva vida. Como una joven, estudiando en el colegio, con muchos cambios en mi vida, yo sabía que Dios estaba conmigo; incluso cuando mi papá y mi mamá no estaban cerca para animarme.

Yo conversaba con mi Padre celestial y le pedía Su consejo; "Dios, de verdad te necesito ahora", muchas veces mis compañeras de habitación me encontraron dormida en el cuarto de oración. Mi abuela, Freda Hoisington murió, ella era muy especial para mí, y eso me provocó un gran dolor en mi corazón, así que volé a casa para el funeral.

Luego, regresé a casa por el verano y tuve la oportunidad de trabajar en mi iglesia local y así ganarme el dinero para un semestre del colegio.

Nunca voy a olvidar cuando el llamado de Dios llegó a mi vida de una manera tan fuerte. Aunque yo tenía deseo por entrar en el ministerio, estaba esperando por "el llamado.". Así que tuve que aprender cómo escuchar a Dios.

El 4 de Julio fuimos a ver la exhibición de fuegos artificiales y luego volvimos a casa. No parecía lo mismo sin mi abuela. Fui a mi cuarto y me arrodillé a orar. Recuerdo haber llorado y vaciado mi alma a Dios.

Entonces decidí poner atención, yo necesitaba escuchar la voz de Dios, ya era el 5 de Julio a las 12:59 de la madrugada. Escuché a Dios llamándome a predicar. Yo dije, *"Sí Señor, pero soy solo una niña."*

El Señor me recordó que sólo debía ser obediente. De ese día en adelante he caminado a través de muchas puertas abiertas. Me casé con un predicador del Instituto Bíblico y ministramos juntos hasta su muerte. Cuando él murió yo supe que Dios quería que yo continuara el trabajo, así que me convertí en la nueva pastora de la Iglesia.

¿Cómo fue que una niña tímida, que no había recibido el Espíritu Santo hasta que tenía 14 años de edad, se volvió una ministra ordenada de la Iglesia Pentecostal Unida International y también la Pastora del Tabernáculo de Fe, Isla India en la Reserva India en Penobscot Maine?

Todo tuvo que ver con el llamado de Dios y un corazón obediente.

¡Estoy feliz de haber contestado el llamado!

Capítulo Siete

LA ÉTICA EN LA PREDICACION DE UNA MUJER MINISTRA

Vestirte para el Éxito

ROPA APROPIADA PARA ESTAR DETRÁS DEL PÚLPITO

Cuando sea invitada para ir a una Iglesia, siempre es bueno comprobar con el pastor/pastora, para ver si hay cosas que necesita saber sobre el código de vestimenta del púlpito.

También en ese contacto inicial, dentro de la conversación, sea valiente y pregunte que cosas están permitidas y cuales no, para que usted esté consciente. A medida que usted va conociendo a ese pastor, va a obtener una mejor idea de la vestimenta apropiada para ministrar en esa iglesia.

Entonces ya no va a tener necesidad de preguntar que ropa debe empacar para ministrar y cual debería dejar en su casa. No asuma que las normas de otras iglesias son las mismas que en su iglesia local.

Usted no quiere darse cuenta de cuáles son las restricciones después que llega a una iglesia. No va a tener tiempo para ir a la tienda a comprar ropa nueva.

Una joven mujer ministra recuerda una vez que le pidieron que fuera a predicar a una iglesia nueva. Ella realmente no los conocía, pero presentía que ellos tenían normas estrictas con respecto a la vestimenta y especialmente con las faldas que tienen aberturas.

Mientras ella estaba sentada en el asiento trasero del auto del pastor, volteó cuidadosamente la parte de atrás de su falda hacia el frente y cerró con alfileres la abertura que tenía. ¿Es eso ser hipócrita o sensible a las normas de esa iglesia? Dios le dio a esa mujer ministra la sabiduría para evitar una confrontación con cualquier parte.

Mientras algunas mujeres predicadoras podrían burlarse de estas restricciones y otras podrían pensar que tener un código de vestimenta es ridículo, nosotras las mujeres de Dios debemos vivir una vida sin reproche y tener respeto hacia los deseos de un compañero pastor.

Quien sabe, algún día usted podría ser esa pastora que de verdad quiere invitar a una mujer ministra a predicar en su iglesia, pero no puede hacerlo porque tiene sospechas sobre su manera de vestir.

Aquí están algunos ejemplos que usted podría encontrar de los requisitos de otros pastores para predicar en sus púlpitos: algunos pastores no permiten flores en el cabello, broches decorativos o plumas en la solapa. Algunos no permiten botas altas hasta las rodillas en la plataforma o zapatos con los dedos descubiertos (y ni Dios lo permita las piernas descubiertas).

Otros no permiten ninguna joya de oro, es decir relojes, anillos de matrimonio, o botones brillantes dorados. Algunas reglas de las plataformas no permiten que las mujeres vistan ropa ostentosa con lentejuelas o brillos, no medias de colores, con bordados o texturizadas.

Otros pueden requerir que las mujeres vistan con falda que cubra la mitad de la pantorrilla, sin aberturas. Faldas y camisetas de mezclilla nunca se deben usar en la plataforma.

Algunos pastores requieren que las mujeres peinen su cabello hacia arriba, mientras que otros quieren el cabello suelto. En algunos países extranjeros, las mujeres de la iglesia usan sombreros o velos y podrían pedirle que se ponga uno.

Cualquiera sea la situación, es sabio darse cuenta por adelantado. Usted podría decir, *"Hermano, (o hermana) a mí me enseñaron esto, esto, y esto, (usted llene las líneas) pero yo no sé qué enseña su iglesia sobre esas cosas y no quiero ser ofensiva. ¿Cuáles son sus reglas específicas para el púlpito?"*

Usted estará demostrando respeto al hacer esto. No quiere asumir nada. Si el pastor predica normas de una manera específica y usted no sabe esas normas, podría vestirse con algo que va en contra de las reglas de la plataforma.

Usted puede pensar que está ahí sólo para predicar, y eso es verdad, pero usted quiere que las personas escuchen su mensaje, y si no sigue las normas de la iglesia local ellos van a preguntarse por qué usted no lo hace. Naturalmente harán una comparación de lo que ellos consideran normal con lo que usted está usando.

Es mejor que usted cumpla con las normas, así la congregación puede mantener su mente en el mensaje y no en su ropa. Podría parecer algo sin importancia, pero a usted, una nueva ministra, le conviene cumplir con las reglas.

Usar un traje conservador de un solo color es un buen comienzo. Si usa una chaqueta con líneas o círculos eso podría hacer que la audiencia se sienta mareada y con náuseas sólo al mirarla. Sus mentes estarán distraídas y no pondrán atención a su mensaje.

Piense en qué estarán mirando ellos cuando usted esté hablando. Es mejor no vestirse con colores llamativos, como rosados brillantes o verdes fluorescentes, hasta que ellos la conozcan. Recuerde que las primeras impresiones son las que cuentan.

Cuando comience en el ministerio es mejor que mantenga las cosas simples y sencillas. Refrésquese, báñese, vístase bien, peine su cabello de manera que se vea profesional. Usted quiere caerles bien, para que así le pidan que regrese.

No tendría que decir esto porque es obvio, pero aun así lo voy a mencionar, no enseñe ninguna parte del escote, ni use ropa o blusas transparentes. Esto nunca debería ser visto entre nosotras las mujeres de Dios.

El cuerpo de Cristo (especialmente nuestros hermanos) no quieren verla con poca ropa. El pastor de la Iglesia podría sentirse demasiado avergonzado para pedirle que cierre su blusa o que se cubra con una chaqueta, o se ponga una falda más larga.

La mejor regla; use vestimenta sencilla la primera vez que predique en una Iglesia que no conoce. Después que ellos la conozcan mejor y la inviten a predicar una o dos veces más, entonces puede mostrar su propio estilo para vestirse.

Se espera que las mujeres predicadoras en general sean el ejemplo de la modestia en su forma de vestir, aunque las normas de santidad pueden ser ligeramente diferentes. Siempre pregunte por adelantado. Eso demuestra discreción y respeto de su parte hacia el liderazgo de la Iglesia en la que va a predicar.

Mantenga en mente; usted no quiere ser un obstáculo. Sea flexible y adáptese a sus peticiones. Eso será una bendición para su ministerio y habrá más posibilidades de que la inviten a predicar de nuevo.

Algunos pastores invitan específicamente a ciertas mujeres ministras, no solo porque ellas son buenas predicadoras, pero también porque ellas dan un excelente ejemplo de santidad con su forma de vestir.

QUE VESTIR ESPECÍFICAMENTE

Ahora que usted tiene una invitación para predicar en una iglesia, ¿Que debería usar específicamente? Debe pensar en: modestia, modestia, modestia. Demos un vistazo a esa palabra.

Un diccionario define la modestia como la renuencia a llamar la atención hacia uno mismo, sus propias habilidades y logros. Es una actitud de decencia en la forma de vestir, el aseo, lenguaje y comportamiento.

Si nosotras somos modestas no vamos a querer atraer la atención indebida sobre nosotras mismas. Por el contrario, buscamos "glorificar a Dios en [nuestro] cuerpo, y en [nuestro] espíritu" (1 Corintios 6:19, 20).

Hay una frase que dice que por medio de nuestra vestimenta y apariencia podemos demostrarle al Señor que sabemos cuan precioso son nuestros cuerpos.

Hermanas, Dios creó nuestro físico diferente a los hombres, y ellos son sensibles a lo que ven, así que nosotras no queremos atraer la atención hacia nuestros cuerpos. Ese simple hecho hace que sea aún más comprensible por qué nosotras debemos vestirnos apropiadamente.

Nosotras no queremos enseñar cada curva de nuestro cuerpo usando ropa apretada, debemos cubrirnos mientras estamos predicando detrás del púlpito. Eso no significa que debemos usar ropa fea o anticuada, significa que debemos mantenernos alejadas de usar ropa que acentúe nuestro cuerpo o revele nuestros pechos y pezones.

La Señora Bronya Shaffer, una de las mentoras de la Universidad de George Williams, dijo *"Hay veces que nos vestimos con la intención de impresionar, pero siempre nos vestimos con la intención de expresar. Nosotras tenemos una imagen de nosotras mismos en la mente, y así es como queremos que otros nos vean. Nos vestimos de acuerdo a eso.*

Vestir elegante y modesta es una forma de expresar que soy hermosa por fuera, pero tengo mucha más belleza en mi interior." La Sra. Shaffer continúa diciendo, *"Cuando el cuerpo es resaltado quita la atención de la 'persona' que está dentro del cuerpo. Mientras que la ropa que no ostenta el cuerpo dice 'Puedes notar la manera en que estoy vestida, pero por favor presta atención a mi carácter'"* (tomado de un sitio judío **ASKMOSES.COM**).

Esto es lo que la organización de una iglesia denominacional tiene que decir sobre sus creencias de modestia: *"En el centro del mandamiento a ser modestas esta la comprensión del poder sagrado de la procreación, la capacidad de traer niños al mundo.*

Este poder es a ser usado solamente entre un marido y una esposa. Ropa revelando y sexualmente sugestivo, cual incluye pantalones cortos, y faldas cortas, ropa apretada, y camisas que no cubran el estómago [o exponer el escote], puedas estimular deseos y comportamiento que violar la ley del Señor de castidad" (LDS).

En general, nuestra ropa expresa quienes somos. Nuestra vestimenta envía mensajes sobre nosotras, y eso influye en la manera en que otros actúan alrededor de nosotras. El Rabino Shlomo Chein menciona en sus observaciones sobre la modestia en AskMoses.com (un sitio judío) que el Tanaj (Escrituras Judías) nos instruye a que vivamos un estilo de vida digno, modesto, y santo.

Uno de los detalles que deja ver un estilo de vida modesto y a una persona digna es la ropa que él o ella lleva puesta. El Rabino Chein dice que la modestia es un estilo de vida.

Modestia es una forma de ser. La modestia es todo lo que somos. Los Profetas nos dicen que *"andemos modestamente"* [hebreo original] *"con nuestro Dios"* (Miqueas 6: 8), Deuteronomio 14: 2 proclama que *"somos un pueblo santo"* y el Antiguo Testamento nos instruye numerosas veces a *"ser santos"* (Levítico 11:45).

Vivir un estilo de vida que es digno, modesto y santo significa hacerlo en todas las cosas, en nuestra manera de caminar, hablar, comer, la manera en que dormimos, lo que vestimos y en la manera en que interactuamos con otras personas, etc.

En el sentido prohibitivo, la Biblia nos ordena que ninguna de nuestras actividades en la vida debería ser hecha con arrogancia, groseramente, ofensivamente o de manera desagradable.

Por el contrario, la Palabra de Dios quiere que nos comportemos adecuadamente, como príncipes y princesas educados y dignos. Conforme a la palabra de Dios somos príncipes y princesas, la palabra declara que somos *"tesoro preciado"* [hebreo original] (Deuteronomio 14: 2), y *"un reino de príncipes"* [hebreo original] (Éxodo 19: 6).

En un texto muy familiar en el Nuevo Testamento, Pablo le dice a Timoteo que la mujer debería ***"ataviarse de ropa decorosa, con pudor y modestia"*** (1 Tim 2: 9). Prominente en la mente del escritor está el atuendo de las mujeres en la iglesia.

En estos tiempos que vivimos, donde está de moda la desnudez, los tatuajes, el perforar el cuerpo, usar poca ropa, descubrir el cuerpo mostrando todo a todos, esta porción de la escritura, sobre cómo debería vestir la mujer, toma un significado añadido.

Algunos podrían preguntar; ¿es esta una tradición antigua impulsada por legalismo o es una verdad Bíblica que debemos aplicar a diario y un principio que sigue vigente aun con el paso del tiempo?

Una mirada más cerca de estas tres palabras en este pasaje de la escritura (1 Tim 2: 9) revelará lo que significa. El adjetivo **modesto** viene de la palabra griega: *comisos*. Curiosamente, solo es mencionado una vez en la Biblia. Eso proviene de la palabra *cosmos*, el término regular para mundo.

El sentido original de *cosmos* es "orden." Thayer dice que *comisos* significa "bien arreglado, decente, modesto." White dice que *"ordenado significa* lo opuesto a desorden en la apariencia."

Creo que el apóstol Pablo estaba poniendo tanto énfasis en la pulcritud al vestir como en la modestia al vestir. La palabra **adornar** es un verbo que significa simplemente "ordenar, organizar, preparar" (Word Meanings of The NT, Ralph Earle, p. 387).

La palabra Griega para la vestimenta es *katastolè*. El prefijo kata significa "abajo" y la última parte de la palabra: *stolè* es de donde obtenemos la palabra en Inglés *scarf o bufanda*. Proviene del verbo *stello* lo que significa "preparar, poner u organizar, ajustar." Así que la palabra completa *katastolè* significa "cubrir, bajar."

En el tiempo de Pablo, esta palabra se refería a bajar el dobladillo, como si "una persona se pusiera una túnica majestuosa, una túnica larga que llega a los pies." El no utilizó la palabra Griega *enduma* que significa "cualquier tipo de ropa." Tampoco utilizó la palabra *chlamus* "una túnica o capa corta" (Vines p. 203).

¿Cómo puede aplicar este conocimiento a su vida una joven ministra que está deseando que Dios se mueva por medio de ella? Su guía de vestimenta debería ser sencilla y Bíblica. Vístase con lo que es modesto.

Las plataformas en muchas iglesias están tres y cuatro escalones más arriba. Si usted lleva puesta una falda corta, o apenas por debajo de la rodilla, cuando suba los escalones usted va a estar 3 o 4 pies más arriba que los demás, ¿qué piensa usted que la audiencia va a ver?

También, algunas faldas que llegan por la rodilla tienen aberturas atrás y revelan la parte interior de la pierna... ¿es esa una forma modesta de vestir? ¿puede Dios estar complacido con eso? Conforme a la amonestación de Pablo, no.

Una mujer ministra con una falda corta que apenas cubre sus rodillas no es modesta. Eso es una gran distracción para la congregación sentada en la audiencia, mirando hacia arriba.

Si su falda apenas cubre sus rodillas cuando usted se siente en la plataforma, (lo cual muchos de los pastores le pedirán que haga), la falda subirá y será aún más corta que antes, revelando sus piernas, eso no es apropiado para mujeres predicadoras que profesan santidad.

Además, usar zapatos exóticos, puntiagudos, llama la atención cuando está predicando y no es sabio. (Hay cientos de estilos hoy en día que el mundo ofrece). Quizás usted podría usarlos cuando es un día solamente de damas, pero cuando hay hombres involucrados y presentes vístase sencilla.

Principalmente por si tropieza en las escaleras y se cae, o cuando este caminando en el púlpito podría engancharse en la alfombra y quedaría en vergüenza.

Es por eso qué no es recomendado. Si una mujer predicadora se enreda en los cables del micrófono en la plataforma y cae en frente de todos, eso sería algo muy malo. La reputación de todas las mujeres predicadoras está en juego.

Si todavía tiene preguntas sobre el problema con las faldas cortas y los tacones altos y cómo los hombres en general ven las piernas de las mujeres, entonces escuche lo que el mundo tiene que decir:

Aviso de Responsabilidad al Lector

Los siguientes resultados fueron reportados en una encuesta reciente dada por Slim Fast Company sobre qué dicen los hombres del mundo acerca de las piernas de las mujeres.

Esto no es para ofender a nadie, solo para informar. Lea a su discreción.

Las Piernas

Una reciente encuesta dada por Slim Fast Company ha establecido que las piernas femeninas son la atracción número uno para los hombres.

Casi un tercio de los hombres votaron que las piernas bien formadas son su parte favorita del cuerpo femenino, informó The Sun Magazine.

Hay una razón biológica por la que los hombres aman las mujeres con piernas largas. Cuando una niña llega a la pubertad, sus piernas experimentan un rápido crecimiento a medida que las hormonas inundan su cuerpo y la convierten en una mujer.

Sus piernas largas se convierten en una señal silenciosa, pero poderosa, que les dice a los hombres que está madurando sexualmente y ahora es capaz de tener hijos. Esta es la razón porque las piernas son a menudo la parte favorita de muchos hombres, y por eso se concluyó que lo que los hombres encuentran más atractivo en las mujeres son sus piernas.

Adicionalmente, los hombres aman los tacones altos en una mujer porque eso da el espejismo de tener piernas 'fértiles'. Los tacones altos realzan la figura de una mujer, alargan las piernas, arquean la espalda, hacen que sobresalga el trasero, provocan el balanceo de las caderas, hacen que los pies parezcan más pequeños y empujan la pelvis hacia adelante.

Esta es la razón por la cual el zapato con el tacón más alto (stiletto), con sus correas, es visto sin duda como el zapato más sexy del mercado.

Los hombres además prefieren a una mujer con piernas gruesas y bien proporcionadas, sobre aquellas que tienen piernas delgadas, porque para ellos la grasa adicional en las piernas refleja la diferencia de sexo entre las piernas masculinas y las femeninas y es un indicador, para ellos, de buena lactancia.

A los hombres les gusta que las piernas de las mujeres luzcan atléticas, pero no es atractivo para ellos si ellas tienen piernas como Arnold Schwarzenegger, el fisicoculturista.

Un hombre dijo que; "probablemente tiene algo que ver con hacia dónde conducen las piernas, o con lo que están conectadas, es decir, el trasero y/o también lo que hay entre ellas." Sin embargo, esa razón es más subconsciente que consciente.

Eso es lo que fue reportado por los hombres del mundo en ese estudio. Ellos dicen que aman las piernas de las mujeres. ¿Deberíamos nosotras girar nuestra cabeza y no poner atención a eso? Los hombres que están en nuestras iglesias tienen el derecho de ser protegidos de esa trampa tentadora.

Ellos quieren ir a la casa de Dios, el refugio donde ellos no tendrían que luchar contra estas cosas como lo harían en el mundo. Recuerde mujer predicadora, nuestros hombres de Dios son hombres primero, y son hechos de carne como nosotras, nosotras necesitamos ayudarles a mantener su mente en Dios y no en los deseos carnales.

Así que el estándar de vestimenta de una mujer ministra no es necesariamente solo para ella, sino también para todos los que están mirando detrás del púlpito.

Aquí está una petición para todas las hermanas en Cristo de parte de un hombre cristiano de 24 años de edad, el respondió a una encuesta sobre Modestia en el sitio web El Rebelión creado por Alex y Brent Harris. (http://www.therebelution.com/modestysurvey):

Hermanas en Cristo, ustedes realmente no tienen idea de las luchas que los hombres enfrentan a diario. Por favor, por favor, tengan un estándar más alto en la forma en que se visten.

Como mencionamos antes, y por causa de quien son los hombres en general y cómo Dios los creó a ellos, ellos son provocados sexualmente por lo que ven.

Ellos realmente son responsables de su propia lujuria; los ojos de ellos naturalmente son atraídos hacia la piel, es su naturaleza. Otro joven de la encuesta dijo *"Es TAN DIFÍCIL no mirar. Por favor hagan su parte* [hermanas en Cristo] *para ayudarnos en nuestra lucha."*

En la Casa de Dios, nuestros hombres deberían ser protegidos del peligro, pero ese no siempre es el caso. Algunas mujeres van a la iglesia vistiendo casi nada y nuestros hombres tienen que voltear la cabeza.

Los hermanos quieren orar por aquellas mujeres que necesitan oración, pero eligen no acercarse por los escotes que estas mujeres llevan o porque llevan una falda demasiado corta y en caso de que cayeran al piso los hombres tendrían que huir en la dirección opuesta.

Nosotras las mujeres ministras en todo lugar, debemos dar el ejemplo de santidad en la vestimenta. Podemos asumir que la mayoría de nuestros hermanos en Cristo están tratando de proteger sus ojos y guardar sus corazones.

Al estar conscientes de la lucha visual que los hombres tienen, nosotras debemos esforzarnos por ser como las mujeres santas de los tiempos antiguos que se vestían modestamente. Nosotras deberíamos querer ser una bendición para los hermanos, no una fuente adicional de tentación para ellos.

Una Palabra Sobre El Poder de la Santidad

**Dr. Jean Holland
Obispa y Pastora
Fundadora del
Tabernáculo del
Nombre de Jesús
Florence, MS.**

Ha sido un privilegio para mi enseñar a las mujeres, especialmente a aquellas en el ministerio, sobre el poder de la santidad. Sin santidad, no hay poder genuino. Sin embargo, la santidad comienza en nuestro corazón y produce fruto.

"Pues no nos ha llamado Dios a inmundicia [impureza], sino a santificación [el estado de pureza]" (1 Tesalonicenses 4: 7).

Gente van a ver nuestra alegría, paz, longanimidad, temperancia, mansedumbre, y fe mientras el Espíritu Santo brilla a través un corazón puro.

Si, en la otra mano, nuestra ropa, manierismos, y forma de hablar son menos que piadoso y puro entonces nosotras volverse en una distracción. Como servidoras del Señor nosotras necesitamos *"para que en todo adornen la doctrina de Dios nuestro Salvador"* (Tito 2:10).

Pero no tenemos el poder para adornar el llamado de Dios cuando nosotras vivimos sin santidad. La Biblia claramente nos enseña que la modestia en la vestimenta es un requisito para el cristiano, especialmente para la mujer en el ministerio.

Hay algunas preguntas que enseño a nuestras damas para que se hagan a sí mismas sobre su ropa. ¿Es esta ropa piadosa? Una buena regla a seguir es "Si usted tiene dudas mejor no la use".

Estoy convencida de que el Espíritu Santo traerá convicción si nosotras sabemos escuchar. Otra pregunta es ¿Esta ropa revela alguna parte de mi cuerpo que no debería mostrar?

Una regla que nosotras hemos adoptado es; agáchese y tóquese los pies, si se descubre alguna parte del cuerpo entonces no es modesto.

Debo añadir que las faldas por la rodilla (o más cortas), y las blusas escotadas son muy reveladoras y no piadosas.

Recuerden también mujeres que los hombres no tienen que ver la piel para pecar. No debería haber ningún tipo de vestimenta apretada en el armario de una mujer ministra.

"Toda gloriosa es la hija del rey en su morada; De brocado de oro es su vestido." *(Salmo 45:13)*. En este versículo el Salmista incluye tres pensamientos maravillosos (1) Nosotras somos hijas del Rey, y (2) nuestra gloria proviene de nuestro interior.

En tercer lugar, el verso continúa inmediatamente describiendo cómo estamos vestidas. *"Brocado de oro"* es la forma más pura del oro.

Esta analogía revela que internamente y externamente estamos vestidas de virtud y pureza. Dios nos ha dado muchas escrituras sobre la santidad que revelan Su esencia. La principal es *"Escrito está: Sed santos, porque Yo soy santo"* (1 Pedro 1: 16).

Si una mujer de Dios desea para tener el poder de la santidad en su vida ella debe decir "no" a la espiral de ropa salvaje, mundanidad y la impureza. Nosotras debemos, y podemos decir "No," a la influencia del mundo, la carne, y el diablo.

Joven mujer ministra, dejarnos poner la atención en las palabras del Rey Salomón *"Inclina tu oído y oye las palabras de los sabios, y aplica tu corazón a mi sabiduría"* (Proverbios 22:17). El poder de la santidad es algo que "debemos tener" para cada mujer ministra.

En el nombre de Jesús,
Dr. Jean Holland

Capítulo Ocho

CONSEJOS Y AYUDAS PARA PREDICAR

Cómo Decir lo que Está Tratando de Decir

SU MENSAJE

Estudiando para su mensaje puede ser una tarea ardua para una nueva predicadora. Asistir a un Colegio Bíblico sería una bendición, si puede pagarlo, pero no todas pueden hacerlo. La mayoría de las ministras han tenido que estudiar las Escrituras por sí mismas.

Hay muchos recursos que están disponibles para cualquier estudiante de la Biblia en cualquier nivel espiritual. Aquí hay algunas maneras en que se puede estudiar la Palabra de Dios.

Hay estudios que destacan los libros de la Biblia, o Profecía, Doctrina de la Unicidad de Dios, historia, estudios geográficos, cronologías, judaísmo, evangelios sinópticos, estudios de personajes, o incluso entrenamiento en discipulado... solo por nombrar algunos. La lista sigue y sigue. Cualquiera sea el tema que le gustaría estudiar comience allí y siga desde ahí.

Cuatro temas invaluables para cualquier predicador/a son aquellos sobre <u>liderazgo, como preparar un sermón, técnicas para hablar en público y desarrollando buenas habilidades con las personas.</u>

También necesitará libros sobre doctrina sólida, ayudas para sus sermones, estudios bíblicos, historias divertidas, estudios de personalidades, etc. Un viaje a su librería cristiana local le inspirará a construir su propia biblioteca personal.

Una predicadora que es ahorrativa por naturaleza, irá a la librería cristiana y buscará entre la gran cantidad de libros. Encontrará algunos de interés, anotará sus títulos y regresará a casa para comprar copias usadas en Amazon.com.

Puede obtener más por su dinero de esa manera. Hasta puede encontrar algunos libros de segunda mano por un centavo. Hay grandes ofertas que se pueden encontrar, si a usted no le importa leer libros usados. Pero si no tiene cuidado terminará comprando demasiados libros.

COMO PREDICAR

Muchos predicadores siempre están buscando por un buen sermón. Encontrar un título es la mejor manera de comenzar.

Una forma de no perder estas ideas es tener a mano un diario o libreta para sus sermones. Luego, desde un título brillante, puede proceder a construir su mensaje.

Algunos predicadores obtienen la inspiración para los títulos de sus mensajes de canciones, vallas publicitarias, artículos de revistas, videos de predicas o de lo que escuchan en los programas de radio cristianos.

Siempre mantenga sus oídos abiertos y un bolígrafo a su alcance, nunca sabe cuándo Dios va a poner un pensamiento en su mente o arrojar luz sobre una escritura para darle un mensaje.

Los predicadores veteranos de todos los sectores dicen que el título de un sermón es la parte más importante del mensaje. Eso podría ser lo único que una persona recuerde por los próximos años. Cuando la persona piensa en el título entonces viene el mensaje a su mente. Hablando claro, es el punto de referencia.

Alguien dijo: *"Si no está claro en el púlpito, habrá niebla en la banca."* Por lo tanto, un título claro para su mensaje es el gancho que desea establecer. Usted quiere que se les quede en la mente de los oyentes.

Es realmente un don cuando un predicador/a tiene la capacidad de captar la esencia de sus pensamientos en un buen título. Por lo tanto, el arte de desarrollar un buen título es algo que se debe practicar. Véalo como la fuerza impulsora detrás de su sermón. Se debe utilizar para captar la atención de las personas.

Debe ser claro y fácil de entender. El título debe indicar buenas noticias y tener relación con la vida cotidiana. Y cuando esté lista para cerrar su mensaje, debe reiterar los puntos que estableció y luego volver al título del sermón para terminar.

LO QUE NO DEBE PREDICAR

A menos que el Espíritu Santo realmente la guíe, es mejor (especialmente cuando predica en una nueva iglesia) evitar hablar sobre los estándares de santidad. Las normas son la "carne de la Palabra" y si en la congregación hay bebés en el Señor (nuevos creyentes), se ahogarán.

Una mujer ministra recuerda una vez que un pastor amigo trajo un evangelista de visita para predicar en algunos servicios. El ministro visitante procedió a predicar duramente sobre las normas de santidad. Esa preciosa iglesia tenía diez nuevos convertidos sentados en la congregación.

Ellos habían trabajado muy diligentemente para ganar esas almas. Sin embargo, esos bebés (en lo espiritual) no pudieron soportar esa predicación tan rígida porque no estaban listos espiritualmente.

Noche tras noche el evangelista siguió predicando con severidad sobre las normas, y uno por uno, los nuevos convertidos se fueron, y para decepción de la iglesia nunca regresaron. En retrospectiva, esa predicación fue demasiado estricta y esos bebés espirituales no pudieron manejarlo.

Los nuevos convertidos no pueden masticar, tragar y digerir las normas; eso es demasiado para ellos. Eso debe ser enseñado de una manera suave y no de una manera rígida por un evangelista ardiente que no conoce a esas personas. Los bebés (nuevos creyentes) en Cristo necesitan tiempo para crecer y deben alimentarse de la leche de la Palabra.

Hay muchos otros temas para predicar. Necesita dejarle las normas de santidad al pastor, a menos que esté absolutamente segura de que Dios le está diciendo que lo mencione.

Si hace una referencia suave sobre el tema dentro de su mensaje, es probable que los nuevos bebés lo acepten y no se ofendan. Usted no quiere confundirlos, o peor aún, hacer que se vayan de la iglesia. No quiere que el pastor anfitrión tenga que reparar los daños que usted causó después que usted salga de allí.

Vale la pena decirlo de nuevo; toda predicación sobre normas debe dejarse para que sea el pastor que la predique. Si va allí y se dedica a predicar sobre las normas debido a lo que ve (cuando mira a su alrededor) pero ese pastor no lo enseña de todos modos, entonces estará perdiendo su tiempo en el púlpito. No le ha servido de nada a nadie... es mejor que se mantenga alejada de ese tema.

La excepción a la regla es que su ministerio se especialice en un área específica, como el cabello, santidad, vestimenta, asuntos financieros o los dones del Espíritu, profecía, etc.

Como una nueva ministra, es mejor que usted les deje esos temas específicos a los profesionales. Si usted ha escrito un libro en esa área y el pastor la invita a predicar sobre el tema, entonces él o ella le habrá dicho a la congregación de antemano que usted estará enseñando específicamente sobre ese tema.

Las personas sabrán de que se trata y estarán listos para escuchar. El tema se enseñará de manera concisa y no sola para expulsar a la gente diciendo: *"No creemos en esto o no creemos en aquello..."*

Eso solo hiere a los oyentes. No hay fruto duradero en eso. Así que es mejor prevenir que lamentar, solo predique a Jesús y usted será más efectiva, déjele las normas al pastor.

CÓMO ESCRIBIR UN BOSQUEJO DEL SERMON

No hay una forma determinada de como escribir su mensaje, solo hay algunas pautas simples que debe seguir. Aquí están algunas sugerencias.

Primero, mantenga su mensaje de 25-30 minutos. Un predicador dijo: *"Eso es suficiente tiempo para un buen mensaje y demasiado para uno malo."* Dejando el humor a un lado, usted debe comenzar su mensaje con un pensamiento, una cita, un antídoto (es decir, exponer un problema, dar un remedio o una solución), contar una historia personal o dar una ilustración. La forma más familiar es abrir con un texto de la Biblia.

Use cualquiera de estas formas como introducción para captar la atención de la audiencia. Luego presente su título, ese es el gancho. Después presente sus ideas e ilustraciones y luego desarrolle su mensaje.

Un predicador dijo que *"haría un punto, afilaría ese punto, pincharía con ese punto, y luego se iría a casa."* Otro gran predicador dijo: *"Pon el fuego en tu sermón o pon tu sermón en el fuego."* La unción va a encender el fuego dentro de usted para predicar la Palabra de Dios.

Use descripciones vívidas, historias, eventos actuales o un incidente para ilustrar su sermón. Mantenga el mensaje en movimiento y evite que se estanque. Una mujer predicadora dijo que le gusta usar una experiencia personal con un texto de las Escrituras para hacerlo aún más personal.

Es posible que desee predicar sobre una historia bíblica bien conocida. Puede usar un cuento para niños con un toque cristiano. También podría enseñar una lección utilizando accesorios para ilustrarla.

Cualquiera que sea el método que elija usar, hágalo y métase en el personaje. Sin embargo, tenga cuidado, y permanezca en un tema o en un pensamiento a la vez.

Después de mencionar su tema, necesita dejar que las cosas fluyan. Algunos ministros veteranos se han convertido en maestros en el fluir del Espíritu Santo. Con el tiempo, a medida que adquiere esa habilidad, usted también obtendrá la mente de Dios y seguirá su dirección.

No tenga miedo en detenerse a alabar al Señor por un momento. Tome un descanso para alabarle; eso permite que la audiencia medite en lo que usted acaba de decirles. Hay poder sobrenatural en hacer una pausa. Haga espacio para que el Señor trabaje en la vida de las personas.

Usted sabe que los oyentes están siendo tocados cuando el Espíritu de Dios se está moviendo. Eso sucede cuando el Señor está hablando a sus corazones. Está bien si Él quiere interrumpir el servicio. ¡Para eso predicamos! No es solo para que nos escuchen o para sermonear a otros, sino para que el Señor puede hacer la obra en la vida de las personas.

Concluya recapitulando sobre sus puntos principales. (Si no está segura sobre el llamado al altar y no sabe qué hacer a continuación, simplemente entregue el servicio al pastor).

Cuando esté haciendo sus comentarios finales, cierre su Biblia y motive a la congregación a responder al mensaje. Siempre haga un llamado al altar y deje suficiente tiempo para que la gente ore.

No se quede repitiendo lo mismo una y otra vez, cuando haya entregado el mensaje simplemente termine. Saque a la gente de las bancas hacia el altar. Desafíe a las personas a que apliquen la Palabra.

Puede hacer esto ofreciendo soluciones sobre cómo relacionar las escrituras con sus propias vidas. Divídalo en pasos fáciles de recordar. Puede usar un acrónimo. Repita el título de su mensaje.

Finalmente, termine con una canción que hable de consagración o una que ilustre su punto (es decir, el amor de Dios, el perdón, etc.). Normalmente los músicos cantarán algo apropiado.

Cuando hable en una audiencia mixta de hombres y mujeres, debe tener en cuenta que la mayoría de los hombres en general se sienten incómodos con una demostración de emociones llena de lágrimas. Así que, como una regla general, siempre que sea posible, no hable llorando ni hable a través de sus lágrimas, deje el llanto para las conferencias de mujeres.

Eso no significa que usted tenga que "apagar el espíritu", solo tenga en cuenta a los hermanos en su audiencia y mantenga su compostura profesional. Si el pastor se lo permite, ore por aquellos que buscan recibir el Espíritu Santo.

Tal vez al día siguiente o cuando pueda, pídale a alguien en quien usted confía que le haga una crítica sobre su mensaje y sobre su forma de predicar. A menudo los jóvenes estudiantes de los Colegios Bíblicos hacen eso, es algo que ayuda al predicador/a joven a fortalecer sus alas.

Escúchese a usted misma predicar. Eso le ayudará a saber lo que sus oyentes están escuchando. Tenga en cuenta que la forma como entrega su mensaje es tan importante como el mensaje en sí.

Tome notas de los cambios que desea hacer para la próxima vez que predique. Mantenga su cabeza en alto…Sea valiente...y suba e intente nuevamente.

Mi Testimonio

A la Edad de 8 Años, Yo Recibí Mi Llamada

Reverenda Sharon Stoops Walston
Ministra, Fundadora de Iglesias, Pastora 46 Años

Me arrepentí y fui bautizada en el nombre de Jesús a la edad de cuatro años. Cuando tenía siete años recibí el Espíritu Santo y poco después Dios me llamó a predicar.

Una noche, mientras todos estaban adorando en un servicio, miré hacia arriba y el techo de la iglesia desapareció, Dios me mostró una visión. Era una congregación de doscientas personas, algunos eran salvos y otros no.

Una gran carga cayó sobre mí por esas personas, cuando miré a la plataforma para ver quién iba a predicar... ¡no había nadie allí! Ansiosamente grité: *"Señor, ¿quién le va a predicar a estas personas?"* Y Él respondió: *"¡Tú lo harás!"*

Regresé a casa muy consternada y le conté a mi madre lo que pasó y le dije que necesitaba comenzar a predicar de inmediato o estaría perdida. Ella, en su sabiduría, me explicó que cuando una persona recibe el llamado para predicar, debe tomar un tiempo de estudio y oración, y prepararse para cumplir ese llamado.

"Es por eso", dijo ella, *"que Dios te llamó a una edad temprana. Ahora tienes mucho tiempo para prepararte para el día en que Dios te envíe al campo de trabajo."*

Cuando tenía doce años, estaba seguro de que Dios había cometido un error. Yo era tan tímido; fue doloroso para mí siquiera pensar en ser usado en el ministerio. Sin embargo, todavía amaba a la gente y oraba por ellos.

Cuando tenía 23 años de edad, estaba realizando un servicio semanal en un asilo de ancianos, participando en un ministerio de cárcel, y había tocado todas las puertas de mi subdivisión durante el verano durante los últimos dos años para ser un testigo.

Toqué el piano y el órgano de la iglesia (lo que fuera necesario) y di clases de escuela dominical. Pero, en el fondo de mi corazón, sabía que Dios no estaba satisfecho conmigo.

No estaba haciendo lo que Él me había llamado a hacer. El año anterior, Él había puesto una carga en mi corazón para comenzar una iglesia en la ciudad donde vivía.

Yo había inventado folletos publicitarios en el periódico y había orado: *"Señor, comenzaré un grupo de oración en casa."* La única parte interesada que respondió a todos esos anuncios fue un ministro de una organización diferente que se ofreció como voluntario para asistir enseña el estudio bíblico para mí ya que "las mujeres no pueden predicar" ... al menos eso es lo que pensé.

Recogí todos los folletos que quedaban y los puse en el banco del piano en la sala de estar. Descarté el asunto de mi mente. En lo que a mí respecta, Dios no bendijo mis esfuerzos y, por lo tanto, me despedí de la llamada de ser una ministra.

Una vez después de que hice una broma con mi hermano menor y mentí por él, me sentí tan mal que pece; Estaba tan convencido cuando llegué a casa. Pensé que amaba demasiado al Señor para fallarle.

Él me dijo: *"Ves, no es tu amor por mí lo que te ha salvado, sino que es mi amor por ti y, a menos que hagas lo que te he llamado a hacer, estarás perdido y morirás en tus pecados."*

Un rato después de que el Señor me hablara le pregunté: *"si querías que yo predicara, ¿por qué no me hiciste hombre?"* Inmediatamente convicción llegó a mí y Dios me dijo (en mi corazón) *"¿Debería la criatura decir al creador, ¿por qué me hiciste así?"*

Y respondí: *"No Señor. Nunca te volveré a cuestionar sobre esto."* Entonces me quedó claro que el Señor me hizo mujer a propósito. Me llamó a predicar, siendo mujer... a propósito.

Él podría haberme hecho un hombre, pero Él en Su sabiduría me hizo una mujer con la intención de llamarme a predicar el Evangelio. Sentí la confirmación de la afirmación, y el Señor comenzó a mostrarme una mayor comprensión de las Escrituras. El asunto fue resuelto, soy una mujer llamada por Dios para predicar.

Volví, saqué esos volantes del banco del piano y pregunté: *"Dios, ¿por qué no funcionó esto el año pasado?"*. El Señor me dijo: *"No te dije que comenzaras un grupo de oración en casa. Te dije que empezaras una iglesia. Sal y encuentra un edificio y comienza una iglesia."*

La iglesia comenzó en 1966 y fuimos testigos del poder milagroso de sanación del Señor en muchas vidas. Desde entonces hasta el día de hoy, he estado en el ministerio durante 46 años y he comenzado tres iglesias. He visto innumerables milagros y sanidades.

No cambiaría el ministerio que Dios me ha dado por nada en este mundo. Valoro el ministerio por encima de todo lo demás. La humanidad no me lo dio, y no me lo puede quitar.

¡Estoy feliz de haber contestado el llamado!

Capítulo Nueve

LA AUTORIDAD APOSTÓLICA DE LA MUJER MINISTRA

Un Mandato Divino

TIENES TODO LO QUE NECESITA

Es interesante notar que Dios no les dio a Sus ángeles la autoridad para predicar el evangelio, pero limitó ese llamado solo para los humanos. Así que por el simple hecho de estar llamada al ministerio se le ha dado toda la autoridad que necesita, no es un mandato de la carne sino un mandato divino.

Cuando una mujer sale a ministrar ella opera bajo la autoridad de Dios; la capacidad viene de Él.

Mujeres en el Antiguo y en el Nuevo Testamento desempeñaban roles de liderazgo y tenían posiciones de autoridad. Por ejemplo, en medio de una de las mayores persecuciones encontramos a hombres y también a mujeres siendo llevados prisioneros (Hechos 8:3-4).

Sin embargo, hubo otro grupo de hombres y mujeres que escaparon las prisiones y fueron por todos lados predicando la palabra de Dios. Las mujeres que tenían el mandato apostólico de "ir por todo el mundo y predicar el evangelio" (Marcos 16:15) tenían también la autoridad apostólica para realizar esa tarea.

Junto con el mandamiento vino la autoridad y el poder dado por Dios. Autoridad y poder, sin embargo, no significan el hacerse cargo a la fuerza o gritar dando órdenes, pero a menudo significa una manera "muy humilde de dirigir a otros." Curiosamente la humildad es el rasgo que magnifica todos los otros atributos positivos que uno podría tener.

Una de las mayores garantías que una mujer ministra tiene es el saber que "el llamado dado por Dios le abrirá camino" (Pro. 18:16). Los dones y el llamado de Dios en su vida son irrevocables (Romanos 11: 28-29). La fuente real de la autoridad apostólica es la sumisión humilde a la verdad. Y cuando nosotros poseemos la verdad tenemos toda la autoridad que necesitamos.

Hulda, la profetisa, será recordado para siempre por el noble ejemplo que ella dejó al utilizar su autoridad para enseñar a los sacerdotes rebeldes y al rey de Judá. Su comportamiento y su firmeza trajeron gran avivamiento conocido aun por el sacerdocio levítico (2 Reyes 22: 14-33).

Las mujeres muchas veces luchan con los pensamientos sobre qué otros van a decir o pensar. La Jueza Débora probablemente luchó con esos mismos sentimientos. Pero eran solamente pensamientos y ella no permitió que el temor la paralizara.

Débora le dijo a Barak que enviara tropas a luchar al Monte Tabor, pero él no quería ir si ella no iba con él. La historia declara que ella hizo su trabajo dado por Dios exitosamente al derrotar los enemigos de Israel.

Ella tenía que ser fuerte y positiva en un mundo liderado por hombres. Se levantó, se puso la armadura y fue a la batalla. Ella era una profetisa, una esposa y la única mujer jueza de Israel.

Ella tenía que ser fuerte y positiva en un mundo de muchos hombres. Ella se levantó y se puso la armadura. Y fui a la batalla. Ella era una profetisa, una esposa y la única mujer que estaba una juez de Israel.

Todavía, esta mujer estaba una líder con gran autoridad. Sin embargo, la biblia enseña que su personalidad estaba humilde, dando gloria a Dios que pronto ráfaga dentro canciones de exaltación a su Señor (Jueces 5).

Su valor abrió un sendero dejando un excelente ejemplo a seguir para nosotras las mujeres ministras. Después de la batalla ella celebró una sesión en la corte bajo la Palma de Débora entre Rama y Betel, en Efraín, y todas los Israelitas vinieron a ella (Jueces. 4: 9-23).

Como resultado la Biblia dice que la tierra descansó por cuarenta años. La obediencia al llamado de Dios y el ejercitar su autoridad dada por Dios traerá años de paz a su vida.

Su meta en el ministerio debería ser operar bajo la unción y autoridad del Señor. Esto permitirá que todo fluya decentemente y en orden. Siempre es sabio que una mujer ministra examine detenidamente cualquier situación para entender la voluntad de Dios para cada momento.

Si está predicando en un servicio y no está segura de lo que Dios quiere que haga; tome unos minutos para adorar por un momento y pídale a la Iglesia que ore. El Señor la dirigirá.

Si tú estás en un Servicio sentado en la audiencia y ellos te reconocen como una ministra visitando, levanta tu mano y gentilmente decir "Gloria a Dios," eso es una bendición desde El Señor.

Si la llaman a la plataforma para testificar, hágalo con rapidez, no tome más de tres minutos. Un pastor sabiamente le dijo a una mujer que estaba empezando en el ministerio; "cuando la llamen para hablar desde la plataforma ahí usted tendrá su oportunidad para lanzar su 'tarjeta ganadora'" (una frase común en inglés).

Con eso él quería decir que en ese momento usted tendrá la oportunidad de entregar un "Rhema", una sola palabra de parte del Señor que sea adecuada a la ocasión y ministre a una necesidad, alguien podría acercarse a usted después del servicio y pedirle que predique en un servicio futuro. Use sabiduría; no tome mucho tiempo testificando porque generalmente hay una agenda y un tiempo determinado para cada cosa en el servicio.

Una ministra recuerda un campamento donde el hermano que estaba encargado llamó a una mujer para que subiera a testificar (solamente testificar).

Ella subió a la plataforma y procedió a decir, *"¡Algunos de ustedes hombres no creen que una mujer puede predicar, pero agárrense de su asiento porque voy a enseñarles que una mujer sí puede predicar!"* Entonces ella tomó los siguientes 30 minutos y habló y habló sin decir nada en específico. Todos se retorcían en sus asientos.

<u>Las consecuencias</u>: Nunca le permitieron a otra mujer tomar el púlpito de nuevo. Ese tipo de incidente no debería ocurrir ni siquiera una vez entre nosotras.

Debemos siempre mostrar respeto y obediencia a la persona que está encargada del servicio. Si ellos quieren que nosotras testifiquemos, vamos a testificar... y lo haremos solamente por unos pocos minutos. No queremos tomar mucho tiempo hablando de esto y aquello.

Si quieren que digamos unas breves palabras, entonces diremos unas pocas palabras. Tres a cuatro minutos SOLAMENTE. Si no le pidieron que predique un mensaje ni siquiera piense en "tomarse la libertad." ¡Dios no lo permita! Ese comportamiento lastima a todas las mujeres ministras en general.

Mi Testimonio

Una Predicadora Que No Iba a Lograr Mucho

Reverenda Elsye Mae Sonnier
Pastora 42 Años

Soy la tercera de seis niños. A la edad de nueve años me dieron un acordeón y aprendí a tocarla por mí misma. Increíblemente el llamado de Dios cayó sobre mí a esa temprana edad; mi amor por Dios era inmenso. Yo usaba a mis hermanos pequeños para predicarles y cantarles.

En la escuela secundaria yo era la única, entre 1200 estudiantes, que estaba llena del Espíritu Santo. Era difícil ser la única que caminaba con Dios.

Poco después me case, cuando tenía 18 años, con un hombre un año mayor que yo. Él había sido criado en la verdad, pero no estaba salvo.
Fui a la iglesia sola por nueve años, finalmente él vino al Señor, gracias a Dios.

Siempre canté y tocaba varios instrumentos en la iglesia. Dirigí una orquesta de 26 instrumentos; era líder de jóvenes y maestra de 42 estudiantes en la escuela dominical. Pero yo podía sentir el Espíritu Santo inquietando fuertemente mi corazón y no podía entenderlo.

Eventualmente empecé un coro y viajábamos extensamente. Dios nos bendijo programándonos con cantantes cristianos muy conocidos. Poco después mis conciertos se volvieron servicios de avivamiento. Parecía que los ministros siempre me estaban pidiendo que cantara y hablara en sus servicios de avivamiento.

Así que mi esposo y yo fuimos con nuestro Pastor y le dijimos que yo tenía un llamado en mi vida a ministrar.

Él respondió *"NO,"* y dijo que él nunca había visto a una mujer predicadora lograr mucho. Me aconsejó a seguir haciendo lo que estaba haciendo. En obediencia fui e hice lo que acostumbraba hacer, tal como él me dijo.

Pero las invitaciones para los servicios de avivamiento seguían llegando y muchos eran llenos con el Espíritu Santo, yo sabía que tenía que hacer algo más.

Después de mucha oración sentimos que debíamos cambiarnos a otra iglesia, pero en verdad yo no quería. Mi canto y música me abrieron muchas puertas y mi ministerio estaba realmente activo.

Dios nos bendijo con avivamientos constantes. Muchas, muchas almas fueron salvas. En esos tiempos los servicios de avivamiento se hacían siete noches a la semana por diez semanas.

Evangelicé a tiempo completé por 20 años. Era difícil, estaba criando a dos hijos adoptivos y mi esposo trabajaba. Durante aquellos años se nos ofrecieron iglesias para pastorear, y lo consideramos, pero no era la voluntad de Dios para nosotros.

En el año 1991, después de ministrar en muchos servicios de avivamiento a través de los años en la misma iglesia, nuestro Pastor me llamó por la tercera vez y dijo, estas personas la quieren en su iglesia y yo siento que usted debería tomar esa congregación.

Yo no quería hacerlo, pero mi esposo y yo oramos. Mientras estábamos orando sobre ese asunto, otro predicador tomó la iglesia; desafortunadamente no creció, si no que por el contrario disminuyó y en un año quedaron solo cuatro personas. El nuevo predicador terminó yéndose. Me llamaron otra vez y me pidieron que me hiciera cargo de la iglesia.

Esta vez yo sabía que era el tiempo de Dios. Me convertí en la pastora y mi esposo felizmente enseñaba en la escuela dominical. Estábamos emocionados. Sin embargo, el edificio se estaba cayendo, literalmente.

Había agujeros en el piso y necesitaba mucha reparación. Fuimos bendecidos y pudimos construir una nueva iglesia y pagarla en su totalidad en cinco años. Ya tenemos casi 22 años pastoreando. ¡A Dios sea la gloria!

Nuestra iglesia está trabajando ahora con una pareja joven de ministros africanos que ganamos para la verdad. Él vio nuestro sitio en la internet y comenzó a hacer preguntas acerca de nuestra doctrina. Rápidamente lo entendió y aceptó la doctrina, se bautizó y empezó a enseñar la verdad a la iglesia que pastorea. (Él además enseña el mensaje de la verdad a otros ministros).

Mi corazón anhelaba pasar tiempo con él y su esposa para compartir sobre la doctrina. Estas personas tienen hambre por la verdad. Viajé a Kenia, África y mi corazón casi se parte en dos, literalmente, por lo que vía. La pobreza era abundante, algo difícil de manejar.

Este ministro de tan solo 25 años de edad y su esposa se han hecho cargo de 55 huérfanos cuyos padres fallecieron por AIDS. Prediqué en varias conferencias mientras estaba allí.

Era increíble ver como todas las personas caminaban diez millas para estar ahí. (NO tienen vehículos de ningún tipo.). Nuestra iglesia ha tomado la responsabilidad de apoyar la nueva obra allí y alimentar a los niños hambrientos.

Tengo 71 años de edad y nunca he estado más ocupada en mi vida como ahora. Llevo 11 años como capellán en nuestro departamento de policía; dirijo la oración en cada función de la ciudad. Estoy en la radio dos días a la semana.

Tengo una banda de siete miembros que viaja dos veces al mes y canta en todo tipo de funciones e iglesias. Durante este tiempo, he adquirido tres títulos universitarios incluyendo un Doctorado.

Quizás para algunos esta mujer predicadora no ha logrado mucho. Pero yo soy una mujer predicadora feliz. Mi vida es rica y completa con las bendiciones de Dios y he vivido una vida emocionante. Yo espero volver a África para la dedicación de la nueva iglesia que nuestra congregación a financiado, y si no regreso estaré contenta de pasar de allí al cielo.

¡Estoy feliz de haber contestado el llamado!

Capítulo Diez

LA MUJER MINISTRA EN EL SERVICIO A LA COMUNIDAD

Nueve Formas para Alcanzar Almas

CONTACTOS

El primer para construir una iglesia es ganar almas. Tiene que ir a donde está la gente para poder alcanzarlos. Una vez esté ahí debe hacer contactos. Y una manera de hacer esto es ir por su comunidad e involucrarse.

Organizaciones de caridad siempre están buscando voluntarios. Sea amigable y hable con las personas. Quizás podría involucrarse comenzando un banco de alimentos o tienda de ropa en su iglesia.

Yendo a las ventas de garaje en su comunidad es otra manera de visitar la gente en su casa y reunirse con ellos. A menudo las personas son abiertas y amistosas.

Esa es una buena opción en lugar de ir tocando puertas, lo cual la gente usualmente rechaza. Cuando haga un nuevo contacto, escriba los nombres en una lista de oración y continue orando por ellos. Usted verá crecer esa lista rápidamente.

Aquí hay tres cosas que puede hacer cuando consiga ese contacto:

a. **Dejar un Folleto** con la información actualizada de la iglesia o deles un boletín de la iglesia para que ellos pueden ver cuándo van a tener eventos.

b. **Ofrecer para darles un Estudio Bíblico en su Hogar**—Hay numerosos estudios Bíblicos para ofrecer. Escoja uno con el cual usted se sienta cómoda enseñando, acuerde un día y hora con ellos y sea consistente.

c. **Dar Lecciones de Discipulado**—El mejor parte de ganar almas es discipular los. Las clases para nuevos convertidos son una gran manera de poner la Palabra de Dios en el corazón de un nuevo bebé espiritual. Es muy gratificante verlos superar sus retos y como Dios hace la obra en sus vidas.

VISITACIÓN

La visitación es otra manera de alcanzar almas. Es una oportunidad perfecta para que una joven ministra se involucre.

Con la aprobación de su pastor, usted podría ir y visitar los enfermos en sus hogares, hospitales o en hogares para ancianos.

Otro método es alcanzar a los confinados en sus hogares, como las viudas o viudos. A ellos les encanta ser visitados. Esas se llaman "visitas rápidas;" Usted solo llega a visitarlos por un momento, entra y sale. Esas visitas deben mantenerse cortas y agradables.

No toma más que como 20 minutos pasar a visitarles y llevarles una tarta o un plato de galletas. Y no olvide darles muchos abrazos.

El Señor podría abrir una puerta de oportunidad para que usted pueda tomarles la mano y hacer una oración muy breve. Después, cuando desarrolle una relación con ellos, puede ofrecerle transportación a la tienda o para llevarlos a almorzar a un centro para ancianos, o acompañarlos a sus citas con el doctor.

También podría llevar un grupo al hogar de ancianos o al refugio para niños. Quizás le permitan realizar un corto servicio para Dios allí.

Usted podría conducir la camioneta de la iglesia para ir a recoger a las personas sin hogar, llevarlos a la iglesia y servirles un plato de comida caliente después del servicio.

La visitación es una gran manera para que una nueva ministra ayude a la gente y empiece a hacer el trabajo del ministerio.

EVANGELIZANDO EN PARES

Fue el plan del Señor enviar a sus discípulos a evangelizar en grupos de a dos. Cuando una persona está evangelizando a otra y se queda sin más que decir, la otra persona que acompaña puede llenar la conversación, puede continuar donde dejó la otra persona.

El oyente podrá ver cómo el Espíritu Santo fluye a través de las dos. Siempre asegúrese de dejar tiempo para permitir que el oyente haga preguntas.

El objetivo es ser guiadas por el Espíritu, podría ofrecerse para enseñar un estudio bíblico o para darles transportación a la Iglesia, lo que el Señor quiera que usted haga, así que trate de ser sensible a la voz de Dios.

Trate de nunca ir sola; sin embargo, hay veces en que nadie está disponible para acompañarla. En ese caso no puede dejar a un alma hambrienta esperando por la palabra. La oportunidad generalmente no espera.

Cuando las personas quieren saber de Jesús usted necesita estar allí, lista. La palabra de Dios dice que debemos hablar a tiempo y fuera de tiempo (2 Tim 4: 2). Sólo haga la visita corta y evite entrar en la casa. Regrese otro día con su compañera de oración.

ALCANZANDO ALMAS EN EL TRABAJO

Mantener buenas relaciones en el trabajo y hacer buenos amigos con sus compañeros de trabajo es una gran manera de alcanzar almas para Jesús.

Siempre este abierta y lista para que Dios pueda dirigirla en su trabajo. Sin embargo, mantenga en mente el respetar las reglas de su empleador; después de todo, ellos le están pagando a usted para trabajar para ellos.

Si le pagan por ocho horas al día entonces necesita trabajar esas 8 horas. Pecadores me han preguntado en el pasado ¿porque si "José Cristiano" (no es un nombre real) es un creyente en Cristo, no trabaja cuando debería trabajar y solo malgasta el tiempo de la compañía? (Eso es ser un mal testimonio).

La pregunta sería: ¿No debería "José Cristiano" ser un ejemplo de cómo se comporta un empleado que teme a Dios? ¡Sí! el debería ser un buen ejemplo.

Este ciertamente tiene que ser el caso especialmente con nosotras las mujeres ministras. Jesús dijo "Así alumbre vuestra luz delante de los hombres, para que vean vuestras buenas obras, y glorifiquen a vuestro Padre que está en los cielos." (Mat. 5:16). Por eso la mujer ministra tiene que ser la persona que haga un excelente trabajo.

Siendo un ejemplo piadoso delante de sus compañeros de trabajo hablará volúmenes al corazón de ellos. Siendo una mujer que camina en integridad y vive sin reproche es la manera en cómo ellos van a saber que usted sirve a Dios. El mundo está mirando y juzgando su carácter (o la falta del mismo).

Muchos han ganado las almas de sus compañeros de trabajo para el Señor no solamente por hablarles de Dios, pero por demostrar un carácter como el de Cristo.

HOSPITALES

El visitar a los enfermos en hospitales puede ser un ministerio muy gratificante. Bajo la dirección de su pastor o del liderazgo en su iglesia, obtenga el permiso para ir.

Usted podría considerar unirse al grupo pastoral voluntario allí. ¡Qué gran oportunidad ministerial! Allí usted podría aprender cómo hacer llamadas sociales correctamente y orar por ellos si pidieran oración. El entrenamiento que se recibe sobre qué hacer durante una visita a los enfermos es invaluable.

Imponer las manos es un mandato bíblico, pero debe ser hecho con una habilidad adquirida, especialmente cuando se hace en el hospital. Después del entrenamiento inicial, le van a dar una lista de pacientes, con sus afiliaciones religiosos, quienes solicitan una visita.

Durante la visita no es el tiempo para discutir sobre doctrina, muestre una cara amigable y tenga sus oídos listos para escuchar. Si desean oración, hágalo en una manera agradable.

Una regla a seguir es no quedarse por mucho tiempo.

Los pacientes se cansan muy rápido y necesitan descansar para su recuperación. Siete o diez minutos para una visita es suficiente. Siempre puede regresar otro día. Tal vez cuando vuelva puede dejarles un folleto o invitarlos a su iglesia.

COMUNIÓN

Usted podría ser llamada algún día para entregar la comunión en la iglesia. Esa es una oportunidad emocionante para guiar la congregación a un tiempo de rededicación y consagración al Señor.

Simplemente lea las Escrituras (1 Corintios 11: 24-30) y explique que cuando participamos de esto nosotros proclamamos la muerte del Señor hasta Su venida.

Haga un llamado al arrepentimiento (vs. 28 *"... pruébese cada uno a sí mismo"*) y entonces dirija a las personas a participar de la Santa Cena. Termine con una canción o un llamado al altar.

IMPONIENDO MANOS EN GENERAL

Mientras que la Biblia nos dice que los creyentes pondrán manos sobre los enfermos y ellos sanarán (Marcos 16:18), es esencial que usted, como una nueva ministra, tenga la aprobación de su pastor para orar por la gente durante los servicios.

Especialmente cuando está en la iglesia de alguien más; usted necesita primero pedir el permiso del pastor, debe preguntarle si está BIEN que usted imponga sus manos sobre las personas para orar por ellos.

Cuando usted tiene el permiso, él o ella podrían guiarla a orar con alguien que está pidiendo oración. Esto muestra respeto por su ministerio.

Hay hermanos que tienen algunas creencias culturales de que una mujer no debería imponer manos sobre un hombre. Algunos dicen que una mujer puede poner sus manos en el hombro de un varón, pero no en la cabeza.

Cualquiera sea el caso, siempre es mejor tener permiso primero antes de hacerlo. Si no lo hace así podría encontrar que su oración no fue aceptada y fue vista con reproche.

Mantenga en mente, no es nada personal, es un asunto de respeto y sumisión a quien está en autoridad.

<u>Nota aparte:</u> Habiendo dicho todo esto, orar con alguien fuera de la iglesia cuando surge la necesidad siempre está bien.

FUNERALES

Tú podrías ser preguntado algún día a hacer el funeral de alguien. Tú necesitas reunirse con la familia primero. Tratar a acatar por los deseos de la familia tanto como puedes doctrinalmente.

Una mujer pastora recuerda un tiempo cuando una dama pecadora vino a su Iglesia para una semana de avivamiento, Dios estaba tratando con ella a arrepentirse una noche. Ella llorado y llorado y todavía resistido la presencia de Dios.

Una semana después el hijo de esta mujer, que era adicto a drogas y estaba empapado en las cosas del mundo, encontró el cuerpo muerto de su madre en la cama. La familia de la mujer vino a la pastora y pidieron que ella oficiara su funeral.

El hijo drogadicto amenazó a la mujer ministra y le dijo, "Si sube ahí arriba y le dice a la gente que mi mamá no estaba salva la encontraré y la mataré. No quiero que usted le diga a la gente que mi mamá se fue al infierno."

La predicadora no sabía si el hombre cumpliría con su amenaza o no. El día del funeral él se sentó en la primera banca y la miraba fijamente. Ella procedió a ser muy cuidadoso con sus palabras.

Gracias a Dios que le dio sabiduría; ella simplemente dijo que la mujer había terminado su carrera. Ella entonces continuó hablando a sus oyentes y les dijo que ellos también tenían una carrera por terminar. La familia estaba alentada y el funeral estuvo bien.

Por lo tanto, si está de acuerdo en oficiar en el funeral de alguien usted necesita aclarar primero con la familia cuáles son sus deseos. Recuerde que el punto de un funeral no es predicar un mensaje de avivamiento, si no llevar una palabra de consuelo a la familia.

Ese no es el momento indicado para predicar un mensaje ardiente sobre Hechos 2:38, a menos que la oportunidad se presente. Necesita tener respeto por la familia doliente.

Por otro parte, esa podría ser la única oportunidad que tenga para alcanzar a esas personas que no están salvas con la verdad del Evangelio, necesita ser sensible a la voz del Señor. No quiere predicarle al cuerpo muerto acostado en el ataúd, usted quiere entregar su mensaje a la gente sentada en las bancas de la iglesia.

Si necesita ayuda sabiendo cómo manejar el orden del servicio puede consultar un manual para ministros y obtener algunas escrituras que sean adecuadas.

BODAS

Si es una nueva ministra, es sabio no realizar ceremonias de bodas. Este es un pacto santo ordenado por Dios que no debe tomarse a la ligera. Una nueva ministra debería mantenerse alejada de esa responsabilidad.

Es interesante notar que hay algunos ministros experimentados que prefieren no oficiar bodas porque no quieren sentirse responsables si ese matrimonio falla.

Esas dos personas se hacen promesas uno al otro delante de Dios y por eso usted necesita saber que ellos entienden lo que están diciendo. Si ellos no lo están tomando en serio entonces usted estará virtualmente uniendo una mentira.

Si usted en verdad no conoce a la pareja y no les ha enseñado clases de matrimonio, no les ha dado consejería, ni ha hecho alguna investigación sobre quiénes son ellos, entonces no debería oficiar esa boda. Usted cargará con una carga muy pesada si ellos fallan.

Si insisten en que usted se involucre entonces sólo ofrézcase para leer un poema o cantar una canción.

Sin embargo, es diferente si usted pastorea una iglesia. Las personas de la iglesia querrán, naturalmente, que sea usted, su pastora, quien oficie la ceremonia.

En ese caso usted debe hacer su investigación sobre quiénes son ellos y pedirles que asistan a una serie de clases matrimoniales para prepararlos para ese paso importante en su vida.

Si usted es una nueva pastora y no está segura de cómo oficiar una boda puede consultar un manual para ministros y así obtener ideas sobre el orden del servicio y algunas Escrituras apropiadas.

Muchas novias tienen una idea sobre las palabras que ellas quieren que se hablen en su ceremonia o que pasajes de las escrituras ellas quieren que se lea, e incluso que canciones ellas quieren que se canten.

Mi Testimonio

Mi Llamada Personal a El Ministerio

Obispa Sarah Jackson
Pastora, Predicadora de Conferencias, 28 Años

Nací en 1946 y me crie en el rancho de mis padres en Marvell, Arkansas. Escuché por primera vez la voz de mí llamado cuando tenía aproximadamente nueve años de edad. Desde la primera vez que lo oí, hasta la última vez que escuché el llamado, esa voz era siempre característicamente la voz de mi madre.

Siendo los dos más jóvenes entre once hermanos, mi hermano menor y yo nos quedábamos solos en la casa mientras el resto de la familia iba a trabajar en nuestro campo de algodón, como a una décima de milla detrás de nuestra casa.

Cuando ellos pedían agua, mi hermano menor Jeremías (Jerry) y yo cargábamos un balde con agua para ellos.

En un día en particular de primavera, Jerry y yo estábamos jugando en la cocina. Muy claramente escuché la voz de mi madre llamando "¡SARAH!". La voz sonó como que estaba millones de millas arriba en el aire, pero yo corrí a la puerta a ver si mi madre me estaba llamando por agua.

Miré y pregunté, pero ninguno de ellos había llamado por agua. No sabía qué pensar, pero durante toda mi vida no he podido desestimar ese llamado.

En diferentes ocasiones a través de mi crecimiento y siendo ya una muchacha a mis veinte años, a menudo yo oía esa voz. Cada vez la voz me llamaba por mi nombre, pero de una manera drástica, como en una emergencia.

Muchas veces cuando yo estaba en una ciudad o en un estado diferente, lejos de mi madre, yo todavía escuchaba la voz llamándome. Cada vez que la voz me llamaba parecía estar más cerca de mí y sonaba como un llamado más y más urgente.

Debo admitir que me inquietaba cada vez que yo escuchaba esa voz, porque no tenía ninguna idea sobre que significaba. Después de todo, yo estaba viviendo mi vida en el mundo y disfrutando de sus placeres. De los once hijos creo que yo era la peor que mis padres tenían.

Era el otoño de 1979 cuando escuché la voz por última vez. Después de recibir mi salvación de acuerdo a Hechos 2:38 en 1976, mi esposo, el hermano LeRoy D. Jackson y yo nos mudamos de Chicago, Illinois a Marvell, Arkansas.

En junio de 1977 puse una casa remolque en un acre de tierra que mi madre me dio. La ventana oeste de mi cuarto se alineaba con la ventana donde mi madre dormía.

Una noche en el otoño de 1979, mi esposo y yo nos habíamos ido a descansar. Cerca de la medianoche mi esposo estaba dormido, y yo había comenzado a quedarme dormida. En un instante escuché un llamado drástico que venía desde millones de millas en el aire a aproximadamente seis pies de mi cabeza.

En el pasado cuando escuchaba esa voz yo estaba despierta, esta vez sin embargo yo estaba dormida. La escena de este llamado era como si viniese desde un hospital, desde la sala de emergencia.

El llamado venía desde las puertas dobles a la entrada de la sala de emergencia, como a seis pies de los cuartos de los pacientes, donde yo estaba parada.

Era un llamado ruidoso y drástico... una llamada de emergencia: *"SARAH!!!"*. Salté de la cama asustada y temblando, corrí hacia la puerta del frente de la casa para ver si mi madre me estaba llamando.

Ella no estaba ahí. Corrí a mi ventana para mirar hacia la ventana de su cuarto; sus luces estaban apagadas, y me di cuenta de que ella no me llamó.

Había un sofá en mi cuarto. Asustada y con todo mi cuerpo tembloroso, caí de rodillas en ese sofá llorando y diciéndole al Señor, *"Dios, yo no puedo entender que significan estas voces. Dios tú tienes que enseñarme qué significan. Por favor Dios, enséñame qué significan."*

Desde esa noche yo nunca he escuchado la voz de mi madre llamándome otra vez. Dos semanas luego, otra vez cerca de medianoche, Hermano Jackson y yo tenía ido a dormir. Él estaba dormido; yo estaba acostado allí despierto y pensando.

Ahí estaba la presencia de una persona parado en un lado de mi cama. Yo fácilmente tirado la cubre sobre mi cabeza porque yo no quería ver quién o qué estaba parado ahí.

Una voz muy dulce e indescriptible, una voz masculina me habló de una manera audible y me dijo, *"SARAH, PREDICA MI EVANGELIO."*

Inmediatamente, la presencia de otra persona que estaba al otro lado, por la cabecera de mi cama, me agarró por la garganta y me estaba ahogando.

Yo trataba de despertar al hermano Jackson para que me ayudara, pero él estaba bien dormido. La persona a un lado de la cama soltó mi garganta. Otra vez, la persona en el otro lado de mi cama habló con el mismo tono de voz que antes, *"SARAH, PREDICA MI EVANGELIO."*

De nuevo, la persona a un lado de mi cama cerca de mi cabeza agarró mi garganta. Yo de nuevo estaba tratando de despertar al hermano Jackson por ayuda, pero él nunca despertó.

Yo no decía nada a nadie por unos meses, incluso Hermano Jackson. En diciembre 1979, después un constante tirón de guerra dentro de mi corazón y teniendo mis propias inhibiciones acerca de siendo una mujer predicadora, yo decidido a hablar a mi pastor, Hermano Jerry Deán.

Él me dijo, *"Hermana Jackson, si ese es el llamado de Dios para tu vida; tú sólo necesitas a ceder a su voluntad y hazlo."* Yo no actúe en eso, ni le dije a mi esposo.

Por las siguientes pocas semanas, yo haría despierto en las mañanas cansada desde predicando en mis sueños y guiando una grande congregación en blanco en contra una grande congregación en negro.

En una mañana de un domingo en enero 1980, teniendo predicó casi toda la noche y yo despertó cansada y confesó a mi marido el llamado de Dios en mi vida.

Yo dijo a él, *"Cariño, ahí son muchas cosas yo quiero hacer. Quiero terminar mi educación; Yo quiero tener una carrera, pero ahí está alguna cosa más que yo siento que necesito hacer."* Él dijo, *"¿Qué es?"* Yo dijo, *"Predicar el Evangelio de Jesucristo."*

Él dijo, *"Si ese es qué Dios está llamando a usted para hacer, hazlo; Estoy con usted cien por ciento."* Sin una duda, él tiene estado conmigo y para mí. ¡Gracias a Dios para mi marido dándome la libertad para trabajar para Jesucristo y Su Reino!

No fue sino hasta la primavera de 1983 que yo de verdad entré en el ministerio. Por los primeros años, cada vez que yo ministraba, tenía problemas con mi garganta que afectaban mi voz, pero Dios me libró de eso.

Dios me bendijo con la oportunidad de fundar y pastorear la Iglesia Centro Vida Apostólica en Marvell, AR., por más de 28 años.

Él también me bendijo en 1998 al permitirme fundar la Academia Centro Vida Apostólica, dónde nosotros enseñamos a niños desde kínder hasta el 12º grado.

Después de 28 años, le entregué la obra a mi hijo y el ministerio de Cristo continúa fluyendo dentro de mí. **¡A DIOS SEA LA GLORIA!!!**

¡Estoy feliz de haber contestado el llamado!

Capítulo Once

UNA MUJER MINISTRA DEBE RENDIR CUENTAS

Viviendo una Vida Transparente

MANTENGASE CONECTADA

El ministerio de una joven ministra no será tan efectivo como podría serlo si ella no está conectada y no rinde cuentas. Podemos ver en la Biblia a un grupo de personas llamado "los ancianos" quienes ofrecían dirección y consejo durante la formación de la iglesia primitiva.

Nuestros ancianos son aquellos compañeros a quienes les permitimos estar en nuestra vida y les rendimos cuentas; son aquellos que han estado en el ministerio por muchos años y pueden ofrecernos consejos útiles en nuestro camino. Nosotras debemos estar dispuestas a dejar que ellos nos pregunten cómo estamos.

Todas necesitamos estar conectadas a alguna cosa más grande que nosotras, para que nuestra carga y nuestro llamado no se desintegren en el aire de los errores.

Si estamos tratando de vivir una vida transparente no tendremos nada que esconder. Pero esto no significa que nosotras necesitamos sacar nuestra "ropa sucia" afuera para que todos la vean, ni tampoco necesitamos cansar a nuestros oyentes contando tonterías interminables.

No es sabio revelar su vida personal a cualquiera. Mantenga los asuntos privados en privado, lejos especialmente de los oídos de los pecadores. No comparta sus problemas matrimoniales, financieros y / o cuestiones de la iglesia. Algunas cosas no se deben hablar ni con el grupo de ancianos y mucho menos desde el púlpito.

Una predicadora estaba supuesta a testificar acerca de la bondad de Dios, pero erró cuando ella subió al púlpito. Ella neciamente contó a la congregación sus asuntos privados. Habló y habló sobre sus problemas financieros y sus pobres elecciones en los negocios.

Después de escucharla uno podía darse cuenta de que sus problemas financieros no llegaron por sí solos, si no que su falta de sabiduría la había llevado a eso. Esa situación pintó una imagen desoladora en las mentes de sus oyentes. A juzgar por los gestos en el rostro de las personas ellos no estaban impresionados.

La Biblia habla de aquellos que son respetados por su sabiduría y honor (Eclesiastés 10: 1). Estas personas generalmente son ministros. Los predicadores son vistos como expertos, sabios y líderes en los asuntos desalentadores de la vida.

Pero cuando uno suelta su lengua acerca de los asuntos personales en un evento público, como un servicio en la iglesia, la gente tiende a criticarlos duramente. Tal vez esa mujer predicadora estaba buscando un poco de compasión, pero lo que ella encontró fue desprecio. Su falta de sabiduría la hizo convertirse en un chiste aún entre otros compañeros ministros.

LÍMITES SOCIALES

Usted debe esforzarse por mantener su vida personal fuera del púlpito. Si necesita contar una historia personal para ilustrar un punto cuando está predicando, hágalo.

La diferencia está en ventilar un problema cuando está predicando. Si la llaman a testificar o a compartir una palabra, hágalo, no sólo hable de algo negativa que la está molestando. (Algunos le llaman a eso "sudor espiritual.") Eso está fuera de lugar y debería ser hecho en otra parte.

Es natural que todas nosotras de vez en cuando queramos aliviar la presión que está encerrada dentro de nosotras, pero el púlpito no es el lugar para eso. Ese es el escritorio sagrado de Dios para predicar Su palabra.

Esta consagrado para ÉL y debería ser usado solamente para predicar Su palabra.

Cuando tenga la necesidad de compartir sus problemas, hágalo con su compañera de oración o con otra mujer ministra. Juntas ustedes pueden entregar esa situación a Dios.

Hay mucho gozo al predicar la palabra de Dios y usted no quiere lanzar una manta mojada sobre eso hablando de asuntos que no son relevantes. Esa manera de hablar solamente apagará el fuego de la unción de Dios en su ministerio.

MESA DIRECTIVA DEL DISTRITO

Cuando le llegue una invitación a predicar fuera, en una iglesia que es parte de otra organización, debe consultar con la autoridad espiritual por encima de usted, ya sea su pastor, presbítero o superintendente. Es una buena idea mantenerlos informados.

Además, si va a predicar fuera del país debe preguntarles si ellos ven algún problema con eso. Esto no es para controlarla, pero para protegerla. Eso podría librarla de cualquier daño si tal vez hubo problemas en ese lugar en el pasado que usted no conoce.

Dejarle saber a su autoridad que estará predicando en una conferencia de otra organización es muy bueno, principalmente por si alguien más le menciona a sus autoridades que usted va a estar predicando allí, ellos estarán informados de eso y podrán decir; "si, ella lo mencionó y yo le dije que estaba bien."

Usted se protege al dejarles saber y no hace que sus autoridades se vean como que ellos ignoraban el asunto.

Si la mesa directiva del distrito le pregunta porque no les informó si se suponía que debía hacerlo, entonces vaya delante de ellos en humildad y gracia.

Todo depende de cómo se maneja usted en frente de ellos. Si usted lo hace bien, eso le va a ganar más respeto y confianza de parte de los hermanos.

Cuando les pregunte si está bien que usted vaya a predicar a un lugar fuera de su organización, ellos podrían decir no o aconsejarle que espere un tiempo para ir, especialmente si ellos saben que hubo algún problema con esa iglesia (es decir divisiones en la iglesia, pecado evidente, desacuerdos, etc.).

En esa circunstancia usted solo necesita confiar en que lo que ellos le dicen es para su bien y para el bien de su ministerio en el futuro. Trate de no ofenderse o tomarlo personal. Dios lo resolverá.

Podría ser que, después que se asiente el polvo y las personas involucradas resuelvan sus diferencias, usted pueda ir a predicarles a ellos.

SU PASTOR

Si tiene una invitación para predicar en otra iglesia, como una nueva ministra debe consultar con su pastor, especialmente si va a salir del país. Eso demuestra respeto por su autoridad.

Si él o ella le aconseja no ir, sólo confíe, ellos tal vez saben algo que podría salvarla a usted de muchos problemas. En algunas ocasiones ha habido conflictos entre ministros e iglesias y el polvo no se asentó, usted no quiere ser parte de eso.

Si va a predicar a una conferencia de otra organización asegúrese de dejarle saber a su autoridad, confíe en lo que ellos le digan y Dios se ocupará del asunto por usted.

SU ESPOSO

Como una predicadora novata, si tiene una invitación a predicar en una iglesia, usted siempre debe consultarlo con su esposo primero. Eso demuestra respeto por la autoridad que Dios ha puesto en su vida.

(Para una explicación completa y detallada de cómo compartir su ministerio con su esposo, vea el capítulo seis.)

TUS PADRES

Si todavía está viviendo en el hogar de sus padres entonces siempre debe tratar de obedecer las reglas de la casa. Debe mostrar obediencia a sus padres primero para así obtener su bendición.

Debe tener un buen reporte en casa antes de poder ir a predicar fuera de su iglesia local. Esto significa que debe ayudar en el hogar, limpiar su habitación y hacer lo que sea necesario para el mantenimiento de la casa.

Dios puede causar que ellos vean lo que usted tiene en el Señor. Ellos se van a dar cuenta de que usted está ungida para un propósito y la mano de Dios está sobre usted. Y eso podría ser porque usted simplemente hace lo que es correcto en su hogar.

Mi Testimonio

Mi Llamada a El M

Reverenda Deborah Randall
Autora, Presidente de Damas ALJC,
Pastora Asociada 19 Años, Pastora 6 Años

Yo recibí el llamado al ministerio cuando tenía aproximadamente dieciséis años de edad, en ese tiempo yo no conocía al Señor en la Verdad del Nombre de Jesús. Estaba trabajando en mi tarea una noche cuando la voz del Señor me habló.

Él me dijo, *"Un día vas a hacer algo para Mi."* Yo respondí *"¿Qué puedo hacer para ti Señor? Soy una pecadora."* Estoy asombrada de haber reconocido Su voz y de que El me estuviera hablando a mí.

En otra ocasión sentí que Dios me estaba llamando al ministerio y le pregunté a mi madre si la denominación metodista creía en las mujeres ministras. Ella me dijo que yo solo estaba pasando por una etapa de confusión en mi vida. Me encerré en el baño y lloré y lloré. No podía quitarme ese sentimiento.

Dieciocho días antes de cumplir mis dieciocho años recibí el Espíritu Santo y fui bautizada en el Nombre de Jesús. Aproximadamente doce años después de eso asistí a un servicio donde el ministro predicó sobre el llamado de Débora.

Yo sabía en mi interior que ese mensaje era para mí, yo no quería tener sobre mí el estigma que estaba asociado con ser una mujer ministra. Ese servicio cambió mi vida para siempre. Le dije a mi esposo que yo sentía el llamado al ministerio. Él me apoyó totalmente.

En Julio de 1988, mi esposo aceptó pastorear aproximadamente 40 personas en VLC de Abbeville, LA. Yo estaba muy activa en la iglesia, cumpliendo con muchas posiciones al mismo tiempo.

Enseñé la clase de escuela Dominical para adolescentes por muchos años. Empecé a ayudar a mi esposo dando consejería a las personas de la congregación, ya que él tenía un trabajo secular. Yo además ministraba a la iglesia varias veces al año. La lista de tareas parecía crecer y crecer con el tiempo.

Cuando me nombraron presidenta de damas auxiliar del estado, fui colocada en la posición de MC (Maestra de Ceremonia). Muchas oportunidades para predicar o hablar se abrieron para mí.

Aprendí cómo seguir el fluir del Espíritu Santo al dirigir un servicio, no tenía idea de que todo eso me estaba formando para mi futuro.

En el 2006 mi esposo fue diagnosticado con cáncer. Durante seis meses de su enfermedad yo cumplí con el trabajo de una pastora. Una noche, después de ministrar, bajé de la plataforma y me senté en mi asiento en la audiencia y sentí claramente que Dios se sentó a mi lado.

Él me dijo: *"Te estoy entrenando."* Me volví hacia la voz y dije: *"¿Entrenándome para qué Señor?"* Él no respondió.

Un día yo estaba entrando a la iglesia cuando el Señor me habló otra vez informándome que yo haría algo que otra mujer ministra no tuvo la oportunidad de cumplir. En ese momento yo estaba confundida y me preguntaba si yo iba a evangelizar después que mi esposo se recuperara.

La congregación se preocupó mucho cuando mi esposo fue admitido al hospital otra vez. Uno de los hombres en la iglesia, Rev. Joseph Baudoin, escuchó de parte de Dios que él iba a estar bajo la autoridad de una pastora.

Con esa palabra de parte de Dios él habló con los hombres y con mi esposo acerca de que yo fuera la pastora asistente, con la cláusula de que si el pastor (mi esposo) llegara a fallecer yo me convertiría en la pastora. Mi esposo estuvo de acuerdo y el 100% de la iglesia votó a mi favor.

Con la muerte de mi esposo me llegó la realización de que ahora yo era una viuda, asumiría el papel de pastora y trataría de hacer también el trabajo de la esposa del pastor.

La transición se hizo sin ningún problema, muchos me apoyaron. La gente se unió a mí, enfrentamos juntos la tormenta de la pérdida de mi esposo, nuestro amado pastor.

He sido la nueva pastora por cinco años. Mirando hacia atrás, puedo ver todo el entrenamiento que tomó lugar por muchos años. Dios me había estado preparando para esa posición sin mi conocimiento o comprensión en ese momento.

Hay muchos hermanos ministros en la iglesia y ellos son un apoyo maravilloso y un brazo fuerte para mí. Trabajamos juntos para la causa de Cristo.

Yo enseño clases de ministerio y utilizo a los jóvenes ministros a menudo, con el fin de entrenarlos para su futuro.

Ser una pastora es una responsabilidad increíble y al mismo tiempo una tarea que me llena de gozo y alegría. Amo a las personas y lo que hago para Dios. Hubiera sido muy difícil perder a mi esposo y a la iglesia al mismo tiempo.

Estoy muy agradecida de que Dios tenía todo planificado para mí, incluso cuando yo no lo sabía.

¡Estoy feliz de haber contestado el llamado!

Capítulo Doce

CONSEJOS PARA UN EVANGELISMO EXITOSO

Cuando Siente la Necesidad de Evangelizar

SER UNA BENDICIÓN

Si sientes una llamada para evangelizar, la primera cosa para hacer es pedir permiso de tu pastor. Un buen reporte es requerido en orden a tener su bendición sobre tu futuro ministerio. Esta será también habilitar tu pastor a llamar otros pastores para buscar otros lugares donde tú puedes predicar.

Necesitas estar seguro que tú y tu pastor están de acuerdo y concluir que esta es la voluntad de Dios para ti. Cuando estás comenzando a ir afuera para evangelizar, el pastor anfitrión puede llamar tu pastor sólo para preguntar a él o ella se ellos están en acuerdo con eso.

Si siente el llamado a evangelizar, la primera cosa que debe hacer es tener la aprobación de su pastor. Una buena relación es requerida para obtener la bendición de el/ella sobre su futuro ministerio. Eso también le permitirá que su pastor/a llame a otros pastores para encontrarle lugares donde usted pueda ir a predicar.

Necesita estar segura de que usted y su pastor están de acuerdo y concluyen que salir a evangelizar es la voluntad de Dios para usted. Al principio cuando salga a evangelizar el pastor anfitrión podría llamar a su pastor sólo para preguntar si él o ella están de acuerdo con eso.

Una evangelista exitosa es aquella que siempre bendice a una iglesia y nunca causa estragos que el pastor deba arreglar después. Una evangelista veterana recuerda a su pastor diciéndole que ella siempre debía estar preparada.

Él les decía a las jóvenes ministras *"Necesitan asegurarse de tener algo [un mensaje de parte del Señor] cuando lleguen como invitadas a predicar. La iglesia está pagando su gasolina para que usted llegue allí, ellos están invirtiendo tiempo para preparar un servicio especial donde usted es la ministra invitada a predicar y se aseguran de que usted tenga todo lo que necesita mientras usted esté ahí. Además, ellos están planeando darle una ofrenda de amor para su ministerio."*

Como se dijo antes, usted necesita saber las reglas del púlpito. Además, necesita preguntar sobre las cosas que puede hacer y también las cosas que no quieren que haga, para que no haya dudas.

Esto es MUY importante si quiere que ese pastor la invite de nuevo o si quiere que la refieran con otro pastor. Sea obediente al pastor anfitrión y a sus deseos, ya sea que usted esté de acuerdo con él o no.

Una ministra con experiencia le consiguió a otra ministra novata dos lugares distintos para que ella fuera a predicar. Ella instruyó a la novata y le dijo que en esa iglesia en particular eran muy estrictos con las normas.

Le dijo; si no obedeces las reglas entonces ya no te van a pedir que regreses. Ella esperaba que la nueva ministra entendiera la importancia de eso. Sin embargo, la nueva predicadora fue a predicar, pero no obedeció las reglas de esa iglesia.

La ministra experimentada recibió una llamada telefónica muy perturbadora de parte del pastor anfitrión, él estaba bien enojado porque la ministra joven no cumplió con las reglas. Ella expresó su decepción y le dejó saber al pastor que ella no le pediría a esa ministra que regresara.

Resultado: La ministra novata arruinó su oportunidad de conseguir más referencias de aquellos dos pastores.

Moraleja de la historia: Si quiere salir a predicar... necesita estar dispuesta a cumplir con las reglas de la iglesia anfitriona. Por ejemplo: si la iglesia enseña contra los anillos de matrimonio y usted tiene uno, simplemente quíteselo.

SEA DE AYUDA

Aquí hay algunas cosas útiles que una evangelista siempre debería recordar: 1) siempre debe estar disponible para ayudar al pastor anfitrión, incluso si es simplemente limpiando la iglesia, el hogar del pastor o el estacionamiento de la iglesia, etc.

Como mujer, usted no quiere causarle trabajo extra al pastor o a su esposa, así que 2) ayude a limpiar la mesa, los platos o lo que sea que ellos necesiten, si ellos se lo permiten. Ofrezca limpiar la cocina o pasar la aspiradora. Pregunte que puede hacer para ayudar. Si ellos dicen que no, entonces está bien, al menos usted lo intentó.

Ayude dónde pueda. 3) Mantenga su cuarto limpio y tire su basura. Levántese temprano. Trate de conocer la agenda del pastor.

Tal vez él o ella van a querer que usted vaya con ellos a visitar a alguien en su hogar o en el hospital. Pregunte si ellos quieren que usted vaya a tocar puertas para evangelizar o lo que sea que esté en la agenda para ese día. Sea una bendición. Y sea de ayuda.

Como una evangelista, dígale al pastor que usted está disponible para ayudar con cualquier cosa que ellos necesiten, pero que a cierta hora del día usted necesita estar en la presencia del Señor para buscar Su rostro. Usted debe preparase y estar lista con anticipación para el servicio de la noche.

Si quieren llevarla a alguna parte o tienen planes, entonces pídale que le dejen saber la noche anterior para que usted pueda organizar su tiempo y prepararse para el servicio.

Una evangelista, mientras esperaba que llegara la hora del servicio, se puso a disposición del pastor. Ellos estaban limpiando el terreno, preparándolo para construir un nuevo edificio.

La evangelista sentía que ella también podía ayudar. A ella le gustaba excavar y trabajar en el campo. Ella eligió no sentarse a mirar, estaba contenta de ensuciar sus manos y apoyar a la iglesia. Ella no quería ser conocida como una evangelista perezosa.

Por otro lado, una pastora lamentó el recuerdo de la vez en que una familia evangelística la visitó para predicar en un avivamiento. Eran tan perezosos que no hicieron nada para ayudar a esa pastora. Estaban allí por una semana para predicar durante los servicios especiales de avivamiento. Un día en particular, ellos sacaron de su cuarto a su hijo pequeño para que la pastora cuidara del niño por largas horas.

Otro incidente durante esa misma semana fue cuando la pastora llegó a su casa y encontró al niño pequeño de ellos sentado sobre el piano antiguo. Ella todavía se pregunta cómo fue que él niño trepó ahí arriba.

El siguiente día ella encontró a ese mismo niño con su mano en la pecera tratando de agarrar los pececitos y los padres no estaban por ninguna parte. Mas tarde la pareja de perezosos sacó de la habitación una canasta llena de ropa sucia para que la pastora la lavara y se las regresara limpia.

Después de unos días la pastora estaba agotada y decidió pagarles antes para que se fueran, porque ella estaba haciendo más trabajo para ellos del que ellos estaban haciendo para su iglesia.

Una evangelista exitosa no debería hacer ninguna cosa que sea cuestionable en la mente de la familia pastoral. Especialmente mientras se está quedando en la casa de ellos, nunca debería vestir con algo que atraiga la atención hacia usted.

Sea cuidadosa de no ponerse a usted misma en una situación que se vea mal o indecorosa, en particular, ante los ojos de la esposa del pastor. No sonría tanto con el pastor. Nunca salga de su habitación en una bata de baño, debe andar siempre completamente vestida.

Una dama ministra recuerda una vez que ella y otra ministra estaban en otro país predicando en una conferencia para damas. Ellas no sabían que, en esa cultura, las prostitutas eran las únicas personas que vestían con una bata de baño en la casa.

Aquí en los Estados Unidos ese no es el caso. Cuando las ministras se enteraron de esa costumbre, se levantaron rápidamente para cambiarse de ropa y no causar ninguna mala impresión.

Cuando esté compartiendo la casa con la familia del pastor anfitrión, es sabio saludar a la esposa primero. Eso la hará sentirse a gusto con usted porque le ha dado la atención a ella primero.

Si ella aún desconfía de usted (o tal vez de todas las mujeres predicadoras en general), su comportamiento educado le ayudará a estar tranquila, ella verá que usted no está ahí para coquetear con su esposo.

Usted podría pensar que eso es ridículo, pero recuerde; ella también tiene un adversario. Haga su mayor esfuerzo para llevarse bien con la esposa del pastor. Ella es la única que puede influenciar sobre las decisiones de ese hombre, y si ella tiene dudas sobre usted, entonces no le pedirán que regrese.

SER FRUGAL (MODERADA)

Si va a comer con el pastor, espere para ver qué ordena él o ella y cuál es el precio promedio de su comida. Usted está obligada a ordenar una comida del mismo precio o MENOS. La buena ética ministerial dice que usted debe hacer eso.

Algunos pastores han dicho que les gustaría tener a cierto evangelista predicando en un avivamiento, o que quisieran traer a su iglesia a una familia evangelista en particular, pero ellos simplemente no pueden pagar los gastos que ellos ocasionan.

Algunas familias evangelistas repiten plato, o cuando ordenan de un menú ellos piden lo más caro y permiten que sus niños hagan lo mismo. Cuando llega el momento de pagar la cuenta, el pastor/a siente que han tomado ventaja de él o ella.

Una pastora estaba sorprendida cuando el hotel la llamó diciendo que la evangelista había escogido la habitación más cara y le dejó la factura a ella (o a la iglesia anfitriona). Esa es otra manera de hacer que nunca le pidan que vuelva.

Debe ser muy consciente de cómo está gastando el dinero de la iglesia. Un pastor mencionó que sabía de una familia evangelista conocido por ordenar la comida más cara en el menú. Así que él tuvo la idea de llevar a esa familia a comer hamburguesas.

La familia tenía cuatro niños y comían mucho. El pastor terminó pagando $70.00 por la comida, incluso en un restaurante de comida rápida. <u>Moraleja de la historia:</u> No incremente las cuentas de la iglesia. Sea moderada.

Si un miembro de la congregación quiere invitarla a su casa o sacarla afuera a comer, entonces usted debería decir, "Hablaré con el pastor y me pondré en contacto con usted." Aquí le dejo una guía sencilla: Sea frugal, sea amable, sea limpia, y esté disponible.

SER PRUDENTE

Ser prudente significa "Ser sabio en manejar asuntos prácticos, ejercer buen juicio o sentido común." Aquí están algunos consejos que le ayudarán a lograr esto. Le ayudarán a ser una evangelista exitosa.

Nunca se ponga como consejera de las personas en la congregación. Siempre debe dirigirlos a su pastor. Sea siempre cuidadosa cuando use los dones del Espíritu. Recuerde esta regla, cuando le dé un mensaje o profecía a alguien, hágalo con su pastor presente para que él escuche lo que usted está diciendo.

Hay dos razones para este consejo. Uno: ellos no podrán malinterpretar lo que usted les dijo, y número Dos: usted tiene un testigo de lo que el Señor les habló.

Otro buen consejo es; si alguien viene a usted con una ofrenda de dinero, usted debe agradecerles y entonces ir directamente con el pastor y preguntarle que quiere que haga con ese dinero.

Algunas veces las iglesias luchan financieramente y podrían necesitar esa ofrenda para ayudar con los gastos de los servicios de avivamiento. Otras veces, el pastor podría decir que está bien que usted acepte la ofrenda.

Finalmente, para ser realmente una evangelista exitosa, su objetivo siempre debería ser el ser una bendición para la iglesia. Evite que su comportamiento sea una vergüenza para su pastor o la iglesia local. Mientras está evangelizando en otra iglesia, fuera del ministerio de su pastor, el pastor anfitrión es entonces su pastor por el tiempo que usted esté ahí sirviendo en esa iglesia.

Si surge algo en la iglesia anfitriona que la hace sentir incómoda, siempre es mejor llamar a su pastor local en privado y pedirle consejo sobre lo que debe hacer. Ore y siempre ofrezca lo mejor de usted, tanto como le sea posible, usted desea que esos pastores la recomienden con otros para que se puedan abrir más puertas por las que usted pueda pasar.

Recuerda:

Ser una Bendición. Ser un ayudante. Ser Frugal. Ser Prudente.

Mi Testimonio

Mi Llamado y Mi Confirmación

Reverenda Sharon Crossno
Ministerio para 31 Años
Pastora 27 Años

Era el año 1961, en la iglesia católica de San Bernardo, yo acababa de terminar mis clases para mi comunión en la iglesia. El próximo paso era estudiar para la confirmación. Pero la vida, con todos sus peculiares giros y vueltas, interrumpió mi búsqueda religiosa y mi confirmación quedó en suspenso. Sería pospuesta hasta 1981.

Con hambre en mi corazón y comezón en mi alma por respuestas, comencé mi búsqueda de la verdad. Dios me guio a través del curso usual de las iglesias denominacionales, que demostraron ser callejones sin salida.

El momento decisivo vino en 1978, en víspera de Año Nuevo, cuando la convicción de Dios comenzó a asentarse en mí. Había recibido una Biblia en la víspera de Navidad de parte de mi suegra y había pasado varias horas leyendo la palabra de Dios. Antes de eso había visitado una iglesia Pentecostal solamente en una o dos ocasiones.

Dios me guio a una pequeña iglesia Pentecostal en el campo, donde proclamaban la verdad. Me arrepentí de mis pecados en febrero de 1978 y fui bautizada en el maravilloso nombre de Jesús el día 12 del mismo mes.

El ser una persona tímida e introvertida hizo más lento mi proceso de recibir el Espíritu Santo, pero finalmente lo recibí el 19 de junio.

Doy gracias a Dios por todos esos años de enseñanza y predicación por parte de nuestra pastora, la hermana Beulah Davis. La hermana Davis ayudó a muchos excatólicos a echar raíces en esta gran verdad.

Fue durante ese tiempo que empecé a sentir a Dios tratando conmigo para predicar Su palabra. Me resisto y le di al Señor cinco buenas razones por las cuales mi obediencia a Su llamado no era posible. Pero las razones eran realmente excusas, y el Señor ganó.

El que nos mudáramos a Tennessee estaba en la agenda de Dios para nuestra familia durante ese proceso. Eso significó un cambio en el liderazgo pastoral, pero Dios puso su favor sobre mi cuando me sometí a un nuevo pastor.

Después de asistir a esa nueva iglesia por un período de tiempo, hablé con el pastor local sobre el llamado de Dios en mi vida, el confirmó el llamado.

Su consejo para mí fue que esperara en Dios y dejara que el Señor también confirmara Su llamado.

La confirmación llegó pronto en un servicio especial con un ex superintendente del distrito de Kentucky, Rev. Manual Tharpe y su esposa, Hermana Margaret Tharpe. Anterior a ese servicio yo no estaba familiarizada con estas personas.

Trabajaba en el hospital local y eso significaba llegar tarde a los servicios de la noche, entraba y me sentaba en la parte de atrás de la iglesia. Cuando llegué, algunas personas estaban ayudando a la hermana Tharpe con su silla de ruedas y la llevaron al púlpito. Esa noche ella ministró sobre el libro de Génesis, la historia de Noé, el título de su mensaje era "Encerrado con Dios."

Después del servicio ella estaba abriéndose paso entre la gente, saludando a los santos, cuando se acercó a mí. El pastor, hermano Frank Butts, procedió a presentarnos la una a la otra. Sin previo aviso, ella me miró y con un tono fuerte, de autoridad, me dijo *"Tú tienes el llamado para predicar."* ¡Dios confirmó ese llamado con un anuncio! ¡Ahora, toda la iglesia lo sabía! miré al pastor y le pregunté *"¿Usted le dijo?"*, el Pastor Butts me aseguró que no le había dicho ni una palabra a ella sobre mí.

Recibir la confirmación de parte de Dios era muy importante en aquellos tiempos; había momentos en que yo dudaba, y era aún más difícil cuando otros dudaban de mi llamado.

En el Nuevo Testamento fue agregada credibilidad al trabajo de los discípulos, en Marcos 16:20; ***"Y ellos, saliendo, predicaron en todas partes,*** *ayudándoles el Señor y confirmando la palabra con las señales que la seguían.* " Amén.

¡Yo puedo mirar atrás a aquellas experiencias y estar tranquila en que sí! Dios me llamó y Él lo confirmó. Mi confirmación fue de otro tipo.

¡Estoy feliz de haber contestado el llamado!

Capítulo Trece

CONSEJOS PASTORALES

Para Dirigirte en la Dirección Correcta

MANEJANDO EL TIEMPO DE ESTUDIO PERSONAL

A medida que crece como una nueva pastora con todas sus nuevas responsabilidades, no debe dejar de estudiar la Palabra. Una cantidad significativa de su tiempo debe ser usado para ese propósito. Eso mantendrá el Pan de Vida que le sirva a su rebaño fresco y apetitoso.

Las ovejas saben cuándo el pan está caliente, recién salido del horno del cielo. Para lograr eso, es posible que desee tener en cuenta estos consejos:

1) El estudio enfocado requiere concentración. Hacer eso significa minimizar, o al menos, regular (hasta cierto punto) todas tus distracciones. Trabaje en una ubicación que

lo permita, como una biblioteca, un estudio tranquilo etc.

2) Apague el teléfono celular durante su tiempo de estudio. Si las personas necesitan comunicarse con su pastor/a, pueden dejar un mensaje. Tome un descanso cada una hora aproximadamente mientras estudia y revise sus mensajes en ese momento. Sin embargo, intente mantenerse enfocada y no desviar su atención hasta que termine su estudio.

3) Mantente absorto en lo que estás haciendo. Cuando es hora de estudiar, es tiempo de estudiar. No es tiempo de navegar la internet, jugar juegos, revisar su correo electrónico, etc. Haga todo eso durante sus descansos.

4) Cuando sienta que el estudio está fluyendo haga todo lo posible para mantenerse en esa dirección. Si tiene que prestar atención a algo más, escriba dónde se quedó y regrese al estudio lo más pronto posible.

Para más consejos sobre cómo estudiar, visite: http://suite101.com/article/time-management-tips-for-busy-pastors

MANEJO GENERAL DE SU TIEMPO

Para que una nueva pastora minimice el estrés que puede encontrar en el ministerio, debe dominar algunas habilidades en el manejo del tiempo. Estos próximos consejos le ayudarán a manejar su tiempo entre reuniones, oración, devoción personal, estudio de la Biblia y con su agenda diaria.

Es mejor aprender esto desde el principio para que pueda desarrollar buenos hábitos y estar al día con sus responsabilidades en lugar de ser enterrada por ellas.

Hay muchos sitios de internet que enseñan consejos para la administración del tiempo y estrategias de organización para pastores ocupados. Sería sabio aprovechar ese conocimiento para ayudarla a cumplir con sus deberes. Aquí hay algunos consejos pastorales para mantenerla concentrada y enfocada en la tarea:

1) Su primera tarea es proteger su tiempo sabiamente. Debe tener claro esto: usted es responsable de su tiempo. A cada persona se le entrega 24 horas al día; lo que más importa es como usted usa ese tiempo.

2) Tenga cuidado con los "ladrones del tiempo." Esos son aquellas actividades (y / o personas) que pueden robar horas de su tiempo. Cosas como juegos en línea, Facebook, videos, compras excesivas o hablar por teléfono, etc. Con moderación estas actividades están bien. De hecho, algunas son necesarios para relajarse. Pero

la clave es la moderación (¡bendita palabra!).

3) Piense en término de productividad, no en término de tiempo empleado. Eso requiere medir sus resultados. Sólo porque una pastora pasa ocho horas en su oficina no significa que ella logre mucho durante ese tiempo. No solamente haga girar las ruedas...sea efectiva y haga las cosas difíciles primero. No compare la actividad con la productividad. Un profesional en liderazgo dijo una vez: "Dígales no a las cosas buenas, para que pueda decirles sí a las cosas mejores."

4) Trabaje para ser más proactiva que reactiva en su agenda. Si bien surgen emergencias y situaciones urgentes, trate de estar al tanto de las cosas a través de una cuidadosa planificación, previsión, organización y aprendiendo a decir "no". Los expertos dicen: "Al fallar en planificar, usted planea para fallar."

5) No sea esclava del teléfono celular o del correo electrónico. Puede revisar los mensajes y devolver las llamadas y correos electrónicos en su tiempo destinado para eso durante el día. (Esto requiere disciplina y moderación.)

6) A veces los santos de su congregación se asustan ante la idea de cualquier dolencia física. Por lo tanto, debe hacer que le

llamen DESPUÉS que el médico les haya dado el diagnóstico. Si bien es muy importante que usted haga visitas al hospital, y los miembros de su congregación sin duda querrán la visita de su pastora, usted puede enviar a uno de sus líderes para que vaya a orar por los enfermos. Eso liberará su tiempo y ayudará a evitar que usted se tenga que repartir en muchas direcciones. Si usted decide ir, siempre llame al hospital primero para ver si ya fueron dados de alta del hospital, y así podría ahorrarse un viaje injustificado.

7) Explore el trabajo de forma remota. A veces es más fácil hacer las cosas cuando no está en la oficina. Los pastores deben tener establecido un "horario de trabajo", pero no necesitan estar físicamente en la oficina solo por el hecho de estar en la oficina.

8) No confíe solo en tratar de recordar cosas... escríbalo. Reduzca el "desorden mental" escribiendo pensamientos, ideas, etc. Ponerlo en papel (o en un archivo de computadora o en su teléfono inteligente) le ayudará a despejar la mente y a reducir cualquier angustia.

9) Si bien el dejar notas por todas partes en papelitos adhesivos de colores (notas adhesivas) es uno de los mejores inventos, el hacer eso puede aumentar su sensación

de ansiedad y hacer que se sienta abrumada. Absténgase de dejar docenas de pequeñas notas adhesivas por todas partes, eso solo aumenta el desorden y podría causarle un remolino en su cerebro. Tenga siempre un cuaderno a mano o una agenda para ayudarla a mantener su área de trabajo limpia y ordenada.

DELEGACIÓN

Todo pastor/a necesita tener en su vida al mejor amigo llamado; delegación. Es la forma más efectiva para que un nuevo pastor construya un espíritu de unidad en su iglesia. Delegación es "entregar algo de poder, responsabilidad y/o trabajo a otra persona." Aprender el arte de la delegación creará el muy deseado "espíritu de equipo" entre sus miembros.

Si usted tiene una personalidad que cree que solo su manera de hacer las cosas es la correcta, entonces se frustrará cada vez que alguien intente hacer algo por usted en la iglesia. Debe aprender a delegar, incluso si la otra persona no lo hace tan bien.

Evite supervisar cada paso que hace una persona. Esa actitud es degradante para los voluntarios y es muy contraproducente.

Si está estresada porque siempre tiene que (o siente que tiene que) hacer cosas en la iglesia, es hora de dar un paso atrás y ver lo que otros están dispuestos y pueden hacer para ayudarla.

También es un buen momento para repensar cómo usted está haciendo las cosas. Examinemos el concepto de la delegación.

Una pastora experimentada dijo: "Delegación... ¡qué palabra y concepto tan hermosos! Es el arte de asignar a otras personas para que se involucren con usted en su trabajo para Dios."

La Biblia dice en Eclesiastés que "dos [personas] son mejor que uno" (4: 9) ... y "un cordón de tres dobleces [personas] no se rompe fácilmente" (4:12). Un ministro sabio delega trabajos a otras personas por muchas razones.

Aquí hay tres puntos principales sobre la delegación que debe tener en cuenta a medida que crece como nueva pastora:

1) <u>La delegación libera el tiempo del ministro para hacer otras cosas.</u>

Cuando otras manos están ocupadas haciendo parte de su trabajo, la liberan a usted para hacer otras cosas. Recuerde Hechos 6: 2, los apóstoles tuvieron que asignar a algunas personas para trabajar en las mesas, cocinar y alimentar a los hambrientos para que ellos mismos pudieran dedicar su tiempo a la oración y al estudio de la Palabra.

Ellos dedicaron su valioso tiempo únicamente al ministerio. También considere que la carga de trabajo de Moisés era muy grande, su suegro Jetro le sugirió que designara a otros para que lo ayudaran a cuidar de los problemas más pequeños entre la gente. Eso liberó a Moisés para que pudiera juzgar los asuntos más difíciles del pueblo de Israel.

Cuando otros son delegados a tareas importantes y a veces a otras sin importancia, eso bendice tanto a la persona delegada como al que delega. Todo el mundo necesita un trabajo. Dirija a las personas asignando cualquier trabajo que debe hacerse.

Puede ofrecer un poco de ayuda (si lo solicitan) y guiarlos en el proceso. No los esté supervisando todo el tiempo...esa es una forma segura de hacer que renuncien. Deles un trabajo y luego déjelos trabajar en paz. Eso le ayudará a usted, a ellos y a todos los involucrados.

Una regla de oro a recordar es que siempre es importante por el bien de la responsabilidad, programar todos los ministerios de la iglesia tanto como sea posible, para que todos puedan estar pendientes de los demás. El diablo viene a jugar con nuestras maneras "oh-tan-humanas" y nos tienta a desviarnos de nuestro trabajo para Dios.

Necesitamos tener a otros a nuestro alrededor para ayudarnos a formar una red de seguridad para nuestras almas. Entonces no habrá espacio para que Satanás destruya nuestro caminar con Dios y nuestro ministerio. Esta es una de las razones por las que Jesús envió a las personas en grupos de a dos y de a cuatro. Él sabía que necesitaríamos la fuerza, el aliento y la responsabilidad unos de otros.

2) La delegación hace que el individuo sienta que está contribuyendo a la obra de Dios.

A las personas que aman a Dios les gusta trabajar para Dios. Un experto en liderazgo dijo: "Las personas tienen una necesidad universal de ser necesitadas. Eso les impulsa su ego y fomenta un mayor sentido de autoestima." Cuando un pastor le pide ayuda a la gente, todos están muy emocionados de ayudar. Les da la sensación de que su contribución ministrará y será importante para las necesidades de los demás y para Dios.

Un líder sabio buscará cuidadosamente trabajos para que TODAS las personas puedan hacer. Usted se sorprenderá de lo listos y dispuestos que están para ayudar. Las personas que cumplen con su tarea se sienten bien al hacer algo para promover el Reino de Dios. Eso construye la camaradería y un sentido de propósito.

Como una pastora joven usted se dará cuenta de que esto no es un espectáculo de un solo hombre/mujer. Y usted no puede hacerlo todo por usted misma. Necesita a los demás y ellos la necesitan a usted. Todos deben sentirse necesitados y útiles.

Las personas disfrutan trabajar para Dios, incluso las personas perezosas. Ganar almas y ayudar a la iglesia a llevar el evangelio a este mundo perdido y moribundo hará feliz incluso a la persona más miserable. El truco es aprender cómo involucrar a las personas desmotivadas.

3) Haga que los trabajos se ajusten a la experiencia de los miembros

Haga una lista de trabajos que se ajusten a la experiencia de cada miembro de la iglesia. A algunos les gusta cocinar, déjelos cocinar. A algunos les gusta hablar, deles una cuadra en el vecindario y dígales que ese es su campo misionero- Dígales "vaya y testifique." ¿Tiene algún chismoso en la iglesia? ¿Por qué no los deja "chismear sobre el evangelio"? (Solo un pensamiento)

El punto es que todos pueden hacer algo. Una pastora tenía una familia joven que comenzó a venir a su iglesia. Ella descubrió que el papá era mecánico. Ella pensó en ¿qué podría él contribuir? Después que el joven se bautizara, ella quería saber qué era lo que más le gustaba hacer a él. Su pasión era trabajar en autos, y él amaba cada minuto de eso. Ella le preguntó con qué edades le gustaba trabajar. Le encantaba trabajar con los ancianos.

La pastora pensó; este joven podría trabajar en los vehículos de las personas mayores en su iglesia durante algunas horas el sábado. Y si él estaba dispuesto, podría también capacitar a un individuo o a un grupo de hombres jóvenes sobre cómo cambiar el aceite, las bujías, los fluidos, etc.

Él podría hacer eso por algunas horas cada sábado. Su trabajo era coordinar todo. Tenía que programar un horario para que todo funcionara. Ella se abstuvo de supervisarlo todo. Lo puso a él completamente a cargo, y a él le encantó.

Los sábados dedicaba dos horas de su tiempo para ese ministerio. El joven tomaba sus dos horas el sábado y trabajaba en el automóvil de un anciano de la iglesia. Otros sábados el hermano encontraba un anciano en la comunidad que estaba solo y necesitaba de ese servicio y trabajaba en su automóvil.

En otras ocasiones traía a algunos jóvenes de la iglesia que querían aprender mecánica y les enseñaba cómo trabajar en un automóvil. Esa fue una buena manera de involucrar a todos. Algunas semanas, los jóvenes se reunían con él en la iglesia y trabajaban en un carro viejo.

Le preguntaron a la esposa de ese mismo joven mecánico cuál era su actividad favorita. A ella le gustaba pintar más que cualquier otra cosa. Ella dijo que eso la calmaba y le quitaba el estrés de su vida tan atareada.

La pastora pensó que la casa, el granero o la cerca de todos necesita pintura en algún momento. La iglesia probablemente también necesita pintura en alguna parte. La primera delegación de esta pastora fue hacer que la joven pintara la casa de Dios. Ella se emocionó tanto que quedó sin palabras. Incluso fue y compró la pintura con su propio dinero.

También las hijas de ese matrimonio se involucraron. A ellas les encantaba cuidar niños. Mientras el padre estaba ocupado "reparando carros para el pueblo de Dios", la madre estaba pintando, las hijas estaban en la guardería de la iglesia coloreando con los niños, escuchando música cristiana y enseñando historias bíblicas.

La póliza de esa pastora era que las personas de la iglesia hicieran trabajo voluntario solo dos horas a la semana. Pero a veces ella veía que las personas disfrutaban tanto de lo que hacían que se quedaban más tiempo.

Es bueno pensar que todos tienen algo que ofrecer. Todos necesitan ministrar en algo o de alguna manera. Aquellos que aman a Dios están dispuestos a sacrificarse a si mismos para el trabajo de Dios.

Hay tanto para hacer. No todos pueden cantar en el coro, enseñar, predicar, pero todos tienen pasión por algo. Encuentre que es lo que ellos disfrutan hacer. Deles algunas ideas e instrucciones y déjelos estar a cargo.

El delegar fomenta el trabajo en equipo y la unidad. Hace que los individuos sientan que están contribuyendo a la obra de Dios. Eso puede ser un premio por sí mismo.

PASTORES BIO-VOCACIONALES

Muchos pastores trabajan en trabajos seculares para complementar sus ingresos. Si ese es su caso, deberá ser franca con las personas de su iglesia y decirles que está trabajando a tiempo completo. Es una buena idea establecer los límites en cuanto a qué hora del día pueden comunicarse con usted.

Si no puede recibir llamadas en el trabajo, dígaselo. Y si la llaman durante el día, pídales que dejen un mensaje para que usted sepa qué está pasando. Es difícil darse cuenta de lo que quieren si solo llaman y cuelgan.

Un creyente inmaduro podría decirle: "Usted nunca está ahí cuando la necesito." Solo tiene que recordarle que usted se pondrá en contacto tan pronto como tenga una oportunidad.

Algunas personas son muy necesitadas y exigen la atención de su pastor en un abrir y cerrar de ojos. A veces no se apaciguan fácilmente. Trate de dirigirlos a un compañero de oración o a uno de sus líderes que pueda manejar la situación y escuchar sus divagues.

Cuando tiene establecido un equipo ministerial, casi todos pueden ayudar con las necesidades de los creyentes. Y si bien todos los santos de su iglesia son importantes, hay momentos en que el diablo enviará a aquellos que son ladrones del tiempo. Esas personas pueden agotarla.

Sin embargo, la gente en su mayoría está buscando solo un poco de atención. Recuerde la regla de los siete minutos. Escuche durante 7-10 minutos, si percibe que la conversación no va a ninguna parte, entonces sea amable (deles un gran abrazo, si está cerca) y dígales que estará orando por ellos. No deje que ellos se queden con lo mejor de usted (y su tiempo).

Si deja que las personas le quiten demasiado de su valioso tiempo, eso podría llevarla al punto de la frustración y no le hará ningún bien a nadie. Es bueno cortarlo de raíz y mantener la conversión breve.

Mi Testimonio

Mi Llamado: Desde Maltratada a Bendecida

Reverenda Brenda Bowley
Presidenta de Damas del Distrito de Maine,
Pastora 12 Años, Ministerio 20 Años

Cuando pienso en el llamado de Dios sobre mi vida recuerdo mi juventud. Siempre sentí la necesidad de estar en la casa de Dios y siempre quise estar cerca de las cosas de Dios. Mi familia se mudó muchas veces a través de los años, sin embargo, yo siempre buscaba una iglesia, sin importar de qué denominación fuera.

Yo quería estar ahí. Fui criada como católica y deseaba ser monja. Solía decir: "Oh, Señor, si solo pudiera servirte a ti como los monaguillos, ¿no puedo ser simplemente un monaguillo?" Por supuesto que eso era imposible, así que pensé que serviría al Señor y me convertiría en monja.

Disfrutaba ir a la iglesia católica con mi abuela. Siempre soñé con ser misionera en África, construyendo cabañas para los niños pequeños. Nos mudamos una vez más y me uní a la iglesia local de los mormones. Me convertí en una de sus misioneras en el grupo de jóvenes. Durante todo ese tiempo sentía dentro de mí el llamado de Dios.

Deseaba ser usada por Dios. Mi mamá, mi tía y mis abuelos me decían que un día cuando creciera Dios me usaría de una manera poderosa. Ellos podían ver el hambre que yo tenía por estar en la iglesia y por las cosas de Dios.

Cada vez que tenía problemas de niña, corría al campo y clamaba a Dios. Él me hablaba. Yo sabía entonces que Dios me usaría algún día.

Toda mi vida tuve la responsabilidad de cuidar de mis hermanos menores porque mi madre era una madre soltera. Mi padre había salido de nuestras vidas. Yo trataba de ayudar a mi madre de la mejor manera posible.

Por consecuencia, mi papel de liderazgo comenzó a una edad muy temprana. Mis hermanos y hermanas eran como mis propios hijos. Yo siempre los estaba cuidando.

La vida continuó... Me casé a los 16 años. Yo creía que viviría el sueño de toda muchacha joven...pero fue una verdadera pesadilla.

Mi esposo ateo en nuestra noche de luna de miel salió a beber y cuando vino a casa me golpeó hasta dejarme ensangrentada. El hizo que nos mudáramos de ciudad, lejos de mi familia. Yo estaba tan sola y abatida. Mi autoestima estaba por el suelo y pensaba que nunca podría ir a ninguna parte. Me sentía como en una prisión.

Todos esos años de golpes y abusos acabaron con mi confianza, mi autoestima y con la sensación de haber hecho algo para el Señor en mi vida. Sin embargo, en medio de la confusión, siempre encontré un lugar para esconderme con Dios.

Corría hasta encontrar cualquier iglesia con la puerta abierta, me arrastraba por debajo de las bancas y hablaba con el Señor. Muchas veces yo podía sentir que Él estaba allí y me daba fuerzas. Esa vida de abuso duró alrededor de 10 años y luego nos mudamos de regreso a Maine.

Seguía sintiendo una y otra vez el llamado de Dios en mi vida, pero simplemente me encogía de hombros y decía: *"No, no puedo hacerlo, soy una mujer."* Pensaba que las mujeres estaban llamadas a ser solamente maestras de escuela dominical, monjas o misioneras, pero no llamadas por Dios para ser ministras.

Además, no creía que Dios hubiera llamado a las mujeres a ministrar desde el púlpito. Sin embargo, el Señor no me soltaba. Él quería que yo predicara, pero yo huía de la simple idea.

Pronto aprendí que no puedes huir de Dios. Dios te seguirá dondequiera que estés en cualquier situación. Una noche fui a una reunión sobre Tupperware (recipientes plásticos para guardar alimentos) y una señora me testificó sobre la verdad.

Ella me habló sobre el mensaje de Hechos 2:38. Estaba intrigada y tenía que comprobarlo por mí misma. Fui a casa y busqué todas las escrituras de las que ella me había hablado esa noche. Lloré, lloré y supe que necesitaba una relación más cercana con Jesús. Fui a la iglesia con ella y recibí mi salvación, sentía tanto gozo.

El Señor comenzó a hablarme acerca de mi llamado al ministerio. Sin embargo, seguía rechazándolo porque había escuchado que las mujeres no fueron llamadas a predicar, pastorear o estar en el ministerio. Yo seguía diciéndole al Señor: *"No, yo soy una mujer, que alguien más lo haga, pero no yo, Dios."*

Me atormentaba el hecho de que yo era una "don nadie", con un esposo incrédulo que además era un alcohólico y me golpeaba. Yo sentía que Dios no podría usarme. Pero Dios seguía insistiendo una y otra vez.

La gente se me acercaba y me preguntaba si sentía el llamado a predicar. Yo rápidamente decía; *"No"* (lo negaba por miedo). Pero yo sabía en mi corazón que tenía el llamado.

Una noche, el Señor me dio un sueño y me dijo en ese sueño que Él me había llamado para hacer un trabajo y nuevamente le contesté con esas palabras muy familiares: *"No Dios, yo no puedo, soy una mujer."*

Pasaron los meses y reemplacé el llamado con otras actividades, como ayudar en la escuela dominical, visitar hogares de ancianos y hacer cosas por los ministros. Limpiaba la iglesia o sus casas. Pero todo el tiempo, cuando regresaba a casa, mi esposo trataba de destruir todo lo que el Señor estaba haciendo en mi vida.

Más tarde, tuve la oportunidad de ir en un viaje misionero a Gales. También fui a una conferencia, pero simplemente temía regresar a casa y enfrentar otra golpiza.

Cuando yo escuchaba a las predicadoras hablando, simplemente me llenaba de envidia, yo quería ser como ellas, pero siempre escuchaba la voz de la duda: *"No, yo soy una mujer."* Nunca le contaba a nadie sobre esos sentimientos.

Tiempo después el Señor me dio otro sueño, me dijo que la ciudad de Madison, ME necesitaba una iglesia. Ignorando sus indicaciones, traté de llenar mi vida con otras cosas como terminar mi carrera y obtener un mejor trabajo. Estaba huyendo del llamado que había en mi vida.

Cuando tenía 28 años, mi esposo y yo nos separamos por un corto tiempo, durante ese tiempo, a través de una visita divina, Dios hizo una obra en su vida. Esa noche el vino a buscarme después de haber estado bebiendo mucho y me amenazó diciendo que iba a "golpearme por última vez." (Quizás eso significaba que él iba a matarme).

Estábamos en la cocina, el Señor me dijo: *"levanta esa barra de hierro y colócala sobre tu cabeza,"* y así lo hice. Mi esposo vino detrás de mí y cuando trató de acercarse fue como si golpeara una pared invisible de vidrio. Miró por encima de mi cabeza y retrocedió de inmediato.

Después de unos días el Señor me dijo que volviera con él. Cuando volvimos a estar juntos le pregunté qué pasó esa noche. Me dijo que cuando iba a golpearme, (lo suficientemente fuerte como para acabar con mi vida), y yo levanté la barra, Dios abrió sus ojos y vio que detrás de mí estaban dos ángeles con espadas de fuego en sus manos.

Lo miraban directamente, con una mirada que perforaba el alma. Él me dijo: *"No pude tocarte, simplemente retrocedí."* Milagrosamente, Dios fue mi defensa. Desde ese día en adelante, mi esposo nunca volvió a beber y nunca más me golpeó. Esa fue realmente la obra de Dios porque él bebía todos los días de su vida.

Pasaron los meses y seguí yendo a la iglesia y ocupada en las cosas del Señor. Un día fui a una ciudad vecina a comprar unas cosas. Un señor mayor con ojos azules penetrantes y cabello plateado se acercó a mí y me dijo: *"Usted es una mujer de Dios y tiene el llamado del Señor."*

Me dijo que el Señor me había llamado a trabajar para Él. Habló muchas palabras que fueron infundidas en mi espíritu. Era como si el tiempo se hubiera detenido. Unos segundos más tarde, abrí mis ojos y miré a mí alrededor y no pude encontrar a ese hombre, desapareció.

Pasaron días, todavía no estaba completamente convencida y necesitaba más validación, a pesar de que Dios trajo a alguien para confirmar lo que estaba sintiendo. Más tarde, tuve otro sueño sobre ir a hacer un trabajo en la ciudad de Madison.

Sabía que Dios estaba tratando conmigo para trabajar para Él. Debido a que todavía estaba nerviosa, le dije a Dios por última vez que si esto era realmente de parte de Él me diera una señal enviando a mi esposo a decirme que fuera a predicar la Palabra y entonces yo iría. Mientras esperaba que mi esposo me dijera algo, comencé a enseñar estudios Bíblicos.

Finalmente, para mi sorpresa, mi esposo se me acercó un día y me dijo: *"No puedo luchar contra tu Dios. Quiero que vayas y hagas lo que Dios te ha llamado a hacer."* Me sorprendió. Solo lloré y me regocijé. Sabía que esa era la respuesta de parte de Dios a mi oración.

Esto comenzó a rodar la pelota para que me convirtiera en una ministra. Sentí que debía ir a conseguir mi licencia para ministrar. Le pregunté a mi esposo si quería ir conmigo. Dijo que no, pero que estaría en casa esperando a un lado del teléfono por si querían hacerle alguna pregunta.

Llegó el día en que mi licencia arribó por correo. Yo estaba descansando en una silla después del trabajo y mi esposo me hizo una seña para que fuera a ver qué sostenía en su mano. Él tenía mi licencia y me dijo que estaba muy feliz de que la obtuve. Él incluso tenía lágrimas en sus ojos.

Yo también tenía mis ojos llorosos, pero porque yo sabía que mi esposo me respaldaba al 100% en mi llamado de parte de Dios. Él estaba tan orgulloso de mí que enmarcó mi certificado. Me dijo que estaba haciendo un buen trabajo.

Y en todo eso, mi esposo terminó ayudándome a renovar un edificio antiguo y convertirlo en una hermosa iglesia para la gloria del Señor. Finalmente contesté el llamado y hoy hay una iglesia en Madison, ME.

¿Cómo lo hago? Mi fuerza viene de saber que estoy caminando en la voluntad de Dios. Él me capacita para hacer todas las cosas para Su gloria. Y el saber que tu mano está en la mano de Dios puede guiarte a través de cualquier cosa.

Dios hizo una obra increíble en mi vida, pasé de ser una esposa maltratada a una mujer de Dios bendecida.

¡Estoy feliz de haber contestado el llamado!

Capítulo Catorce

CÓMO SER UNA PASTORA ASOCIADA EXITOSA

EL CAMPO DE ENTRENAMIENTO DE DIOS

Para ser una pastora asociada exitosa necesita hacer que el entorno de su líder sea más agradable y tolerable. A medida que usted se esfuerza por ayudarlo/a, cosechará beneficios que solo llegan cuando uno se entrega a si mismo (Lucas 6:38).

El Señor puede algún día entregarle su propio rebaño para pastorear, y la amabilidad que usted ha demostrado a otros le será devuelta multiplicada.

No cualquiera puede ser un asistente efectivo. Se necesita una persona con una mentalidad enfocada en servir a su líder, aunque en ocasiones esa persona desearía estar a cargo. Su función es proporcionar fortaleza y aliento, especialmente cuando el camino del ministerio se vuelve áspero e incierto.

Su líder apreciará que usted esté allí para apoyarle en momentos de necesidad. Los pastores, nuestros queridos pastores, como cualquier otra persona sufren, cometen errores, se frustran y se molestan.

Muchas veces se enfrentan al desaliento y a la decepción. Es ahí cuando podemos prestar nuestra mano para defenderlos, sostenerlos o mantenerlos cuando sea necesario.

Usted puede observar y aprender de ellos cómo organizan y administran las responsabilidades de la iglesia. Y a medida que pasan los años, se desarrolla una verdadera unión de amor y confianza.

Él o ella sabrán que usted no está allí para discutir o desafiar sus decisiones, usted está allí para trabajar junto con ellos y lograr los objetivos que Dios les ha dado.

Lo más importante por lo que ambos deben esforzarse es por una comunicación abierta. Si hay alguien que está causando un problema en la iglesia, no lo maneje por usted misma, hágaselo saber a su pastor.

Esto demuestra que usted respeta su liderazgo y posición. Debe recordar su posición y no sobrepasar sus límites. Eso significa que uno no debe usar la autoridad que no tiene.

Siempre hágales saber si ve algo fuera de lugar. Su pastor necesita saber que usted "le respalda" y que apoyará sus decisiones.

Es esencial que atienda a sus solicitudes con diligencia y con prontitud. Y no hace falta decir que las personas en la iglesia necesitan ver su respeto hacia él o ella.

No debe contradecirlos ni desautorizarlos. Si no está de acuerdo con algo, guárdeselo para usted. Ore por ese asunto y en el momento adecuado el Señor hará que ambos puedan discutir abiertamente el tema en una cita programada para eso.

Evite las confrontaciones o pleitos. Trabajen en paz. Si siente que el Señor la está impulsando para irse a otra parte, avísele a su pastor con tiempo. Y váyase en buenos términos, con la bendición de el/ella.

El tiempo dedicado a ser una pastora asociada no es tiempo perdido, sino un tiempo de desarrollo personal. Aprenda todo lo que pueda y un día, mirará hacia atrás, y verá que ese fue Dios trabajando en usted y en su futuro ministerio.

Mi Testimonio

Mi Llamada

Reverenda Diane Pulse
Evangelista (Tiempo Completo) 41 Años

El porche de atrás de la casa...una jovencita de 17 años... las escrituras... ¿qué tienen en común estas cosas? El llamado de Dios en un corazón joven que ni siquiera se había dado cuenta, eso tienen en común.

Recuerdo tan claramente el día en que salí al escalón del porche trasero, me senté y comencé a orar. Estaba pensando en una escritura que había encontrado en Isaías. 6:8: ***También oí la voz del Señor que decía: '¿A quién enviaré y quién irá por nosotros?' Entonces dije: aquí estoy, envíame.'*** Oré: *"Señor, no tengo ni idea de lo que podrías hacer* *con mi vida, ¡pero yo iré por Ti!"* No sabía que algunos meses más tarde, mi preciosa pastora, la hermana Irene Chaney, me pediría que fuera una de las tres personas jóvenes que hablarían una palabra en nuestro servicio de fin de año, en la Iglesia Pentecostal Grimsby de Murphysboro, Illinois.

Un poco después el Hermano Gary Karsh, un evangelista que estaba celebrando servicios allí en nuestra iglesia local, me entregó una palabra de parte de Dios.

Me dijo que el Señor me había colocado en esa iglesia para aprender la palabra de Dios sin adulterar y que yo hablaría palabras de vida eterna. Entonces el evangelista miró a mi pastora y le preguntó si yo había predicado alguna vez. Ella sacudió suavemente la cabeza, sí.

Así, comenzó mi viaje hacia el ministerio que lleva ya más de 41 años. Puedo decir que cuando ha habido oposición, nunca ha afectado el plan de Dios en mi vida. Su llamado le abrirá camino, así dice la Biblia y he estado ocupada en el Reino de manera continua.

Prediqué en reuniones y avivamientos en la iglesia local y en las iglesias cercanas en el sur de Illinois hasta que me mudé, en septiembre de 1980, a Beebe, AR para terminar mi título universitario con el Dr. John Scheel. Fui muy bendecida de poder enseñar y predicar en la iglesia local y en la escuela hasta 1986, cuando decidí responder el llamado a evangelizar.

Una vez más, la mano del Señor estuvo sobre mi vida al colocarme bajo el ministerio del Dr. John Scheel, quien protege y promueve a las damas en el ministerio. Él junto con otros ministros, me ordenaron al ministerio el 7 de septiembre.

Me fui al día siguiente para comenzar una campaña de avivamiento juvenil en Tennessee, para el pastor Jimmy Mustain. Continué evangelizando por todo Estados Unidos durante los siguientes ocho años a tiempo completo, y me convertí en una partera de medio tiempo.

He experimentado milagros y he visto a muchas almas orar y ser libres de la esclavitud del pecado. Tuve el privilegio de viajar desde la costa este a la costa oeste, de Michigan a Florida, y también a Brasil dos veces para estar con el Hermano Raúl y la Hermana Janice Alvear. También he estado en México en varias ocasiones.

Evangelicé bajo la iglesia en Beebe, AR hasta que conocí a mi querido esposo, el Pastor Jimmy Pulsé, en un avivamiento en el que yo estaba predicando, en Adamsville, Tennessee, en la iglesia pastoreada por el Hermano Earl Wayne Day. Nos casamos el 18 de diciembre de 1993 y me convertí en la esposa del pastor de la Iglesia Pentecostal Nixon de Savannah, TN.

Trabajé junto a mi esposo en la pastorada de esa iglesia y ocasionalmente predicábamos en avivamientos y servicios especiales juntos. Mi esposo me pidió que enseñara a los jóvenes ministros de nuestra iglesia, así como a los nuevos convertidos y la clase de escuela dominical para adolescentes.

Después de varios años, nos mudamos a Bakersfield, CA y tomamos la pastorada de la iglesia del Hermano Darel y la Hermana Rita Dawson, anteriormente conocida como la iglesia Weed Patch, donde servimos hasta que mi esposo se fue al cielo el 17 de marzo del 2007.

Permanecí allí como ministra, maestra, contadora, ayudante de los jóvenes, músico, líder del coro, líder del coro en lenguaje de señas y líder del servicio de oración para damas, etc.

Después de trabajar por tres años en California, el Señor me llevó de regreso a Beebe, AR para sanarme por la muerte de mi esposo y para que ayudara en la iglesia y en la escuela tanto como me fuera posible. Pero incluso ahora, mientras escribo estas palabras, ¡tengo que predicar en varias iglesias y en algunos lugares nuevos en los que nunca he estado!

Mientras estudiaba en una de las clases de la universidad, aprendí un punto muy interesante de mi amada escritura en Isa. 6: 8, ***"También oí la voz del Señor diciendo"***, el significado hebreo para la palabra "diciendo" en esa escritura realmente significa una continuación, no sólo el hecho de que el Señor lo dijo una vez, sino que Él continuó diciendo… *"¿A quién enviaré y quién irá por nosotros?"*

Me pregunto cuántas damas, jóvenes, de mediana edad y mayores citarán esa preciosa palabra conmigo... "Entonces respondí: *'Heme aquí, envíame a mí'"* ...y responderán al llamado de Dios en su vida. Ciertamente puedo prometerle que nunca se arrepentirá por responder al llamado de Dios.

¡Estoy feliz de haber contestado el llamado!

Capítulo Quince

EMPEZANDO EN EL MINISTERIO

Pasos Para Ayudarte a Empezar

RESUMEN

Hemos analizado en los capítulos anteriores las diferentes fases para iniciar en el ministerio. Aquí dejamos un resumen simplificado para usted, en unos pocos pasos.

1) Usted siente una convicción en su corazón y sabe que la mano de Dios está sobre usted, más aún que cuando usted recibió su salvación. Como una mujer santa de Dios eso por lo general se convierte en un deseo más profundo y en un hambre por convertirse en algo más que un simple miembro que solo llega a la iglesia a calentar la banca.

Quiere más que unos pocos días de iglesia. Así sucede cuando Él la está "llamando" más cerca de Él. Comience a moverse en la dirección que Él la dirige. Ore para que el Señor revele Su voluntad en su vida.

2) Debe agendar un tiempo para sentarse a hablar con su pastor/a. Déjele saber a él o ella lo que está sintiendo. Explíquele que usted cree que Dios la hará entrar en el ministerio y que quizás Él la está llamando a predicar.

3) El próximo paso es comenzar a conectarse con otras ministras. Conéctese con una mentora espiritual que entienda el ministerio. Salga y vaya a una conferencia de mujeres ministras. Haga nuevos contactos allí y continúe conectándose en su área, distrito o comunidad y / o en las redes sociales.

4) Si aún no está activa haciendo algún tipo de servicio para Dios, comience a hacerlo, participe de las oportunidades en los diferentes ministerios. Póngase a disposición de su pastor y de aquellos que están en el ministerio. Aquí hay un ejemplo de las muchas posibilidades: enseñe un estudio bíblico a domicilio, participe en un grupo de estudio bíblico para mujeres, en el ministerio en el hogar de ancianos, el ministerio en la cárcel, en el ministerio para niños, visite a las viudas y a aquellos que permanecen aislados, anime a los adolescentes con problemas, trabaje con las personas sin hogar, en el ministerio radial o en cualquier tipo de

alcance a la comunidad como bancos de alimentos, refugios, entrega de ropa o juguetes.

5) Una vez que encuentre su lugar en un ministerio, comience a desarrollarlo. Afine el plan de trabajo hasta que se sienta cómoda. Manténgase conectada. No renuncie. Siempre esté atenta a las oportunidades para servir en su llamado.

6) Finalmente inicie el proceso para obtener su licencia. A los que tienen una licencia local se les recomienda sacar una licencia general y los que tienen una licencia general deberían solicitar la ordenación. En otras organizaciones sus damas son ordenadas por su pastor dentro de las asambleas locales. El ser ordenada es vital para cada dama que es llamada de Dios. La licencia le permite recibir las credenciales de su organización para predicar. Al ordenarla la están reconociendo como una ministra y le están brindando una responsabilidad mutua.

7) Deje que Dios la guíe. Continúe siendo fiel y continúe conectándose con otras ministras. Encontrará gran fuerza para finalmente:

¡LEVANTARSE Y CONTESTAR EL LLAMADO... ESTARÁ FELIZ DE HABERLO HECHO!

APÉNDICE

Lista de Buenos Libros para Leer—Estudios Sobre
Los Hombres

*Pido disculpas porque estos libros pueden no estar disponibles en
español.*

1) *Man of Steel and Velvet*
Aubrey Andel

2) *Maximized Manhood**
Doug Brendel

3) *Men: A Translation for Women*
Joan Shapiro, MD

4) *Building Your Mate's Self-Esteem*
Dennis Rainey

5) *What Makes a Man Feel Loved*
Bob Barnes

6) *Men Who Love Too Little*
Thomas Whiteman, Ph D

7) *The Emotions of a Man*
Jerry Schmidt and Raymond Brock

8) *The Male Machine*
Marc Feigen Fasteau

9) *What's He so Angry About**
David Stoop, Ph D

10) *What Men Want*
Norman Wright

11) *Understanding the Male Temperament*
Tim LaHaye

12) *The Superman Syndrome*
Jack Kuhatschek

13) *Men: Some Assembly Required*
Chuck Snyder

14) *Tough and Tender*
Joyce Landorf

15) *Husbands Who Won't Lead and Wives Who Won't Follow*
James Walker

16) *Men are from Mars and Women are from Venus*
John Gray, Ph. D

17) *What Really Works with Men*
Justin Sterling

18) *Masculine Journey**
Robert Hicks

19) *The Hidden Value of a Man*
Gary Smalley and John Trent, Ph. D.

20) *The Real Man Inside*
Verne Becker

21) Double Bind
Rodney Cooper, Ph. D.

22) The Meaning of a Man
Ronnie Floyd

23) The Man in the Mirror
Patrick Morley

24) Uneasy Manhood*
Robert Hicks

25) Locking Arms
Stu Webber

26) Tender Warrior
Stu Webber

27) As Iron Sharpens Iron
Howard & William Hendricks

28) Why Men won't go to Church*
David Murrow

* Denota los libros favoritos de la Autora

www.ingramcontent.com/pod-product-compliance
Lightning Source LLC
Chambersburg PA
CBHW061751250726
48657CB00001B/68